ひらめきはスキルである

頭の使い方コンサルタント
瀬田崇仁

SOGO HOREI PUBLISHING CO., LTD

はじめに

本書は、「いつ、どこで、どんな瞬間でも、ひらめくスキル」を書いた本です。

そんなバカな……と思うでしょうか。

多くの人は、「ひらめき」とは、特別な才能やセンスを持つ一部の人に、天啓のようにやってくるものだと考えています。アーティストが「歌詞やメロディーが降ってきた」と表現するのを聞いて、そのようなイメージが定着しているのかもしれません。

しかし、これは間違いです。

本書でご紹介するひらめきとは、天才になるための方法ではありません。天才ではない私たちは、英語やロジカルシンキングを学んだり、エクセルやＺｏｏｍの使い方を覚えたり、部下指導や営業のテクニックを身につけたりします。ひらめきもそれらと同じ、ごく普通のスキルです。

誰でも身につけることができるものですが、その効果は絶大です。ひらめきのスキルを覚えてしまえば、一生涯、あなたを支えてくれる武器となります。

ひらめきとは、見事なアイデアや考えを、魔法のように思いつくことです。そこから生まれるものには、次のような特徴があります。

①結果が出る
②現実離れしていない
③自由な発想で作り出されている
④ゴールや道筋が見えている
⑤確信がある

まず、はっきりとした結果が出ます。問題を解決したり、状況を一変させたり、求められる条件をクリアします。

ただし、結果が出る方法でも現実離れしていては意味がありません。ここが、単なる妄想とひらめきを分けるポイントです。

何より、ひらめきは自由な発想で作り出されます。だからこそ、斬新な内容やシンプルな解決策、目からウロコの方法になります。

そして、そのひらめきをどのように活用して、どうやって結果を出すのかといった、ゴールや道筋が見えます。細部まで具体的に考えることができるので、成功確率が上がります。

最後に、確信があること。変革は1人の確信からスタートし、周囲や社会を巻き込んでいきます。

ひらめきのスキルを身につけると、日常が変わり始めます。ひと言で表現すれば、「仕事がデキる人」になる。あなたのさりげない発言で問題があっけなく解決したり、「あなたの考えを聞かせてください」と言われたりする回数が、どんどん増えていきます。上司や同僚に頼りにされ、後輩にも慕《した》われ、仕事相手からの評価も高まります。異性や恋人の見る目まで変わるでしょう。

そのためには、まず、染みついた常識を変えなくてはいけません。たとえば、読書での「付箋《ふせん》・線引き・ページ折り」は厳禁です。学んだことは、A4ノート1ページにまとめてください。このノート術を知った人たちは、「本を読んでも行動できない理由がわかった」とみなさん口にします。

学びを結果に変えるには、「学んだ直後の30分以内に振り返り」をしなくてはいけません。学び効率が10倍以上になる「学びのゴールデンタイム」です。効果を理解した人たちの9割が継続する、パワフルな方法です。

言葉の使い方でも損をしている人がいます。成長の場面で「盗む」「パクる」という言葉を使うと、自分のオリジナリティを削《そ》いでしまいます。「学ばせていただく」と言い換えなくてはいけません。言語管理は、人生管理にまでつながっていきます。

ひらめきの本質は、幼稚園の頃のブロック遊びです。形や大きさの異なるさまざまなブロックを組み合わせて、新しいものを作ります。ブロックがなければ遊べませんし、少な過ぎると、同じような形しか作れないでしょう。豊富なブロックがあることで、作りたいものを作れるようになります。

このブロックに当たるものを、本書では「ひらめきの素材」と呼びます。ひらめきができる人は、「ひらめきの素材」を増やす方法を知っています。たとえば、お金を使うすべての瞬間をアイデアの仕入れ場所にしています。お客の立場でいるときに「もったいないと感じる点は何か？」「自分のサービスに置き換えるとしたら、どうなるか？」といった質問を自分に投げかけ、毎日ヒントを得ています。

そのうえで「ひらめきの素材」をもとに、「ひらめきのメモ術」で「思考のデータベース」を構築していきます。メモアプリを使い「1行20字以内で表現する」「1シートにつき、1テーマ」といったルールでメモすることで、情報が体系的に整理されます。そのことによって、日常的にひらめくだけでなく、「アイデアの4次元ポケット」と呼べる、ひらめきの引き出しを手にすることができます。

現在、私は「頭の使い方コンサルタント」として、さまざまな業種の方々にビジネススキルをお教えしています。31歳で独立し、名刺1枚すら作ることなく、口コミで仕事が広がっています。

最初は経営コンサルティングから始まり、販促企画、商品のリブランディング、イベントプロデュース、採用コンサルティング、営業研修、プレゼントレーニング、人材育成、講座開催、講演活動……。クライアントは、名だたるビジネス書の著者や大企業まで。依頼されるプロジェクトの多くは未経験分野ですが、幸いなことに成果を出すことができています。ひらめきのスキルを身につければ、業種や業界、プロジェクトを問わず、価値を生み出すことができるのです。

私は超有名大学を出ているわけでも、留学経験やMBAの資格を持っているわけでもありません。ビジネス人生は、落ちこぼれ会社員からのスタートでした。

やる気に満ちた社会人1年目は、同期の中でビリ。能力や経験が足りないなら、誰よりも努力しようと決めました。寝る間を惜しんでビジネス書を読み、朝一番に出社し、上司の言うことをバカ正直に実行する毎日です。

ところが、まったく結果が伴いません。3年、4年と過ぎていくと、同期は出世していき、給与の差が開いていくのを雰囲気で感じます。自分より年下の後輩にも仕事で抜かれるようになっていき、カンナで削るように私の自信は小さくなっていきました。その削りカスは不満やグチとなり、どんどん溜まっていきます。給与は低く、貯金もない、奨学金の返済はたっぷりある。自分のキャリアや将来には不安しかありませんでした。

転換期は、2011年。あの震災があった年です。うだつの上がらない会社員が、ひょんなことから新規部署を立ち上げました。部署といっても、1人だけ。前例もお手本もない出発でした。

そのときに偶然ひらめいた企画が、大きな実を結びました。「ひらめきには、現実を変える力がある」と体感した、初めての経験です。

以来、どうやってひらめきで成果を作り出せるのかを考えることに、没頭していきます。すると、仕事の評価は上がり、新しいプロジェクトを任されるようにもなりました。昇給・昇格も果たして、毎日が面白くなっていきました。ひらめきのスキルが、人生を変えてくれたのです。

自分自身がプロの現場で培《つちか》い、夢中になって編み出したひらめきのスキル。それをどうしたらほかの人にも身につけていただけるかをずっと考え、研究してきました。これまでにもビジネス講座や企業研修で、その一部をお伝えする活動をしています。講演家として数百人のみなさんに向けて、ひらめきのスキルをメッセージにして届けることも少なくありません。

これからの社会や時代には、一体どんなスキルが必要なのか。

多くの人は、その答えを持たずに過ごしています。ただし、「何かが足りない」「何かを学ばなくてはいけない」という焦りは感じています。

語学や資格、プレゼンスキルやロジカルシンキングといった、いわゆる「ビジネススキル」に多くの人は目を奪われがちです。しかしそれよりも、もっと大事なことがあります。それは、オリジナルな存在になることです。

これからの時代では、「替えの利かない特別な存在」にならなければ、市場価値を持てません。他人に価値を決められる生き方ではなく、自分オリジナルの価値を生み出せる存在になること。それがこれからの時代における、生きる道です。

そう言われても、自分には特別な才能やオリジナリティなんてないと思うかもしれません。しかし、だまされたと思って、「ひらめきのレッスン」に取り組んでみてください。

この本でお伝えするひらめきのスキルは、いまのあなたのライフスタイルを変えることなく、取り組める内容に仕上げてあります。朝早く起きる、やりたいことを我慢して時間を捻出《ねんしゅつ》する、たくさんの書籍を読む、留学並の費用やまとまった時間が必要、なんてことは一切ありません。「日常を楽しく過ごしながら、成長するメソッド」です。それで一生もののスキルが手に入る詳しい理由は、読み進めていくなかでわかります。

ひらめきのスキルでは「読書」「情報収集」「思考法」「お金の使い方」「習慣」「メモ術」「仕事術」に触れています。この誰もがやっていることに、みんなが知らない方法で取り組んでいきます。すると、ひらめきのスキルが高まり、人生が変わっていくのです。本書に出てくる新しい方法に出会うだけで、ワクワクする人もいるでしょう。

学び始めるのに、年齢や経験は関係ありません。出会った瞬間がベストタイミング。

さあ、学びの扉を一緒に開いていきましょう。

ひらめきはスキルである　CONTENTS

第2章 うまくいっている人・モノから吸収する

第3章「ひらめきの素材」を増やす思考法

第4章 「顧客体験」で、ひらめきトレーニング

第5章 常識を疑う・ゼロからイチを作る

第6章 「思考のデータベース」を作るメモ術

第7章 ひらめきを活かす、仕事術

企画協力　ブックオリティ
装丁　別府拓（Q.design）
本文デザイン・組版・図表　横内俊彦
校正　矢島規男

第１章
学びを結果に変える、読書法

突然ですが、読者のみなさんは円周率を何桁まで覚えているでしょうか。

3・14159265358979323384……。私は中学2年生の頃、250桁くらいまで覚えていました。

そう聞いてどう感じるでしょうか。「円周率なんて覚えても、たいしたことないだろ」「役に立つ場面なんてないよな」「そんなの調べたらいいだけの話じゃん」と思いますよね。

私もまったくの同感です。円周率なんて、調べたら何桁でもわかります。

インプットもこれと同じです。情報がいくら頭の中に入っていても、「頭がいい」ことにはなりません。情報自体は調べればいくらでも集まります。

情報を記録したり、蓄積したり、処理したりすることに関して、人間が機械やAIに勝つことは不可能です。だとしたら、私たち人間がするインプットには、どんな意味があるのでしょう。「AIが人の仕事を奪う」といわれるこれからの時代には、どんなインプットをしなければいけないのでしょうか。

ほとんどの人は、間違ったインプット方法を信じています。その特徴は、インプットの「量」を最優先にしたアプローチです。これは「正しい答えをたくさん覚えること」を優先した学校教育の弊害とも言えます。

間違ったインプット方法のままでは、どんなに良書を読んでも、多読をしても、結果につながりません。むしろ、情報量が増えることで、かえって思考の整理ができていない状態に陥《おちい》ってしまう人も少なくありません。こうなると、「ひらめきの素材」を増やすことや、「思考のデータベース」を作ることが難しくなってしまいます。

人によっては、数十年染みついてしまっている間違ったインプットの常識。これをひっぺがすことから本書は始めます。難しいことではありません。方法さえ覚えてしまえば、一瞬で変えることができます。

それは、ノート術を活用したカンタンな読書法です。この章では、シンプルだけれど確実に効果の出る読書法を共有していきます。

1 読書でやってはいけない「付箋・線引き・ページ折り」

読書をしていると、いろいろな発見があります。

・「これは役に立ちそう」
・「これは知らなかった。いいことを知った！」
・「ふむふむ、なるほど」

すると多くの人はせっかくの発見を忘れないように、付箋を貼ったり、ペンや鉛筆で線を引いたり、ページの端を折ったりします。

みんなやっていることですが、ひらめきの読書法では、この3つはNGです。もちろん単純に読書を楽しむのであれば問題ないのですが、インプットを結果に変えるための読書としては、効果が薄いやり方です。

ほとんどの人は、この3つを〝なんとなく〟やっています。みんながしているから、この方法が一般的だから、効果がありそうだから。

この方法の**最大の欠点は、自己満足感が出てしまうこと**です。1冊の本を読み終えて、付箋や折り目、線がたくさん引いてあるのを見れば、自分が成長したように思えるでしょう。この感覚が目を曇らせます。

また、**せっかくの情報がデータベース化されない**ことも欠点だと言えます。付箋を貼った、線を引いた、折り目をつけた。けれども、そこに何が書いてあるのか、どの箇所に書いてあるのかを瞬時に判別できません。書かれていることが自分のものになっているようで、ほとんどは身についていないのです。

そして、このやり方を続けることで、**情報の取捨選択能力が弱くなります**。付箋・線引き・ページ折りは、自分で上限を決めない限りいくらでも増やせます。「大事な情報は、多ければ多いほうがいい」と考え、有益な情報も役に立たない情報も、ごちや混ぜにしてしまいます。

さらに問題があります。**本に書いてあることが主役で、自分が脇役になってしまう**ことです。

大事なのは、本に書かれていることよりも、書かれていないことです。著者の言葉ではなく、「その言葉をきっかけに、自分の中で生まれたもの」のほうが大事です。

本を読むことで、自分にしか生みだせないものが必ずあります。注目すべきはそちらなのです。

2 情報は収集するものではなく、ドリップするものである

「ＡＩが人の仕事を奪う」といわれるようになりました。では自分の仕事はどうなのか。「10年後に存在している仕事・なくなる仕事」の正確な予想は誰にもできませんが、人間がする仕事が「人間にしかできない仕事」にシフトしていく流れは、多くの人が否定できないはずです。

その時代に必要なのが、情報収集ではなく、「情報をドリップ」するという考え方です。私たちは、知識や情報の「量」が増えることを勉強や成長と思ってしまいがちです。なぜなら、これまでの学校教育や資格試験、語学習得では、それが正解とされていたからです。

しかし、これからの時代にはその考え方を捨てる必要があります。**大量の情報を集**

めることよりも、その情報をどう処理するかのほうが重要なのです。

コーヒーを淹《い》れるときには、挽《ひ》いた豆に熱いお湯を注ぎ、フィルターで漉《こ》すことで余分な成分を取り除きます。一気にお湯を注ぐとあふれてしまうので、湯量を見ながら注がなくてはいけません。私たちの学びもこれと同じです。知識を「知恵」というおいしい一杯に変えるために、情報をドリップします。

そこには、3つのポイントがあります。

1つ目は**「抽出」**です。コーヒーをフィルターに通しておいしい部分だけを抽出するように、情報から大事なエッセンスを抜き出します。

2つ目は**「捨てる」**です。フィルターを通らなかった余分な成分は、躊躇《ちゅうちょ》なく捨てます。情報の大部分は不必要です。インプットの段階でどんどん捨てていきます。

そして、3つ目は**「ペース」**です。自分が処理できるペースを超えて情報を入れれば、こぼれてしまいます。

まずは、感覚的な理解で大丈夫です。情報をドリップする具体的なメソッドが、次に説明する「A4マトリクス・ノート術」です。

3
学びを結果に変える「A４マトリクス・ノート術」

ここで紹介するのは、読書で得た情報をノートに書き込むことで、必要な情報だけを抽出・蓄積しつつ、同時に整理できる方法です。読書に限らず、あらゆるインプットに使うことができます。

一般的なノートの取り方はこうです。ノートには等間隔に横線が引いてあります。多くの人は線の幅に収まる大きさで文字を書き、上から順に1行ずつ使っていきます。左端から書き出し、先生が話したことや本の内容を、順を追って書いていきます。大事だと思った所には、印をつけたり、色をつけたりします。

このノートの取り方は、付箋・線引き・ページ折りと同じ弊害があります。「たくさん書いた」という自己満足感、取捨選択の能力低下、書いてあることが主役で、本人が脇役のメンタルになってしまうことです。

ひらめきのためのノート術の最大のポイントは、**最初に「箱」を作り、情報を入れる場所を決めておく**ことです。それが、「A4マトリクス・ノート術」です。

A4ノート1ページに縦横の十字線を入れて、4分割します。このそれぞれのスペースを「箱」と考えます。

4つの箱に書くことは、**「実行すること」「思いついたこと」「衝撃を受けたこと」「その他、重要なこと」**です。この分類でノートを取っていくことで、書く内容を常に整理・収納できます。情報をドリップする力が、自然と高まるのです。

部屋を片づけるとき、始める前にモノの置き場所を決めて、そのルールに従って分類しなければいつまでも片づきません。高級な家具であっても、乱雑に置かれては部屋の景観を損ねますし、便利な道具があっても、どこにあるかわからなければ取り出せません。同様に、良質な情報でも整理・収納されていなければ、思考を乱したり、取り出せなかったりするのです。

「A4マトリクス・ノート」の4つの箱

実行すること	思いついたこと
衝撃を受けたこと	その他、重要なこと

4 学びを細分化して、再定義する

それでは、Ａ４マトリクス・ノートの４つの箱にそれぞれ何を書くのか、詳しく説明していきます。

実行すること

本を読んで、「これを実践しよう」「試してみよう」と決めたことを書きます。本を読み終えてもこの箱に書くことがないのであれば、何も学んでいないのと同じです。

思いついたこと

本に書いてあることではなく、本を読んだことをきっかけとして生まれた、オリジナルなアイデアや発想、考えを書きます。

衝撃を受けたこと

衝撃を受けた内容を書きます。「そんな考え方や視点はなかった」「自分のやり方は間違っていた」といった気づきが、自分の考えや行動を変えていく原動力になります。

その他、重要なこと

これまでの３つの箱には分類されないけれど、「なんとなく大事だな」と感じることもあります。それも重要な知識や情報です。分類に迷ったらこの箱に書きます。

このノート術は、読書と並行しながら４つの箱に分類して書いていくやり方でも、いったんすべて箇条書きしておいて、読書が終わってから仕分けるのでも、どちらでも大丈夫です。自分のやりやすい方法で試してみてください。

実際にやってみると、成果を出せる人と学びを結果につなげられない人の差が、ノート上にはっきりと現れます。

成果の出る人のノートは、「実行すること」と「思いついたこと」の分量が、「衝撃を受けたこと」と「その他、重要なこと」より多くなります。上2つの箱が下2つの箱より充実しているのです。成果の出ない人のノートは、その逆です。

これは、それぞれの人が、何を意識しているかが可視化された状態と言えます。実際にやってみると、初めは後者になる人が多いと思います。

学びは行動に移して初めて結果を生み出します。ダイエット、語学、筋トレ、仕事術、伝え方、どんなジャンルでもこれは変わりません。「実行すること」なしに、成長は望めません。

また、**「思いついたこと」は自分のオリジナリティにつながります**。本に書いてあることを読んで、そこに過去に得た情報、自分の思考、経験、個性が結びついて、「思いつく」わけです。この力が高ければ高いほど、周囲とは違った存在になることができます。

本を読むだけでは何も変わりません。その先の思考の働きや行動に注目することで、知識や情報が結果に変わるのです。

5 実行へのタイムラグを、限りなくゼロに近づける

繰り返しになりますが、読書は実行によって完結します。これはあらゆる学びにおいて、同じことが言えます。バイオリンの弾き方にいくら詳しくなっても、練習しなければうまく弾くことはできません。サッカーの試合中継をどれだけ見ていても、グラウンドでボールを蹴らなければうまくなりません。

そう言えば誰もが理解できるはずですが、実際には私たちの読書は「読む」で完結しがちです。これは「読む」という行為が、能動的なものであることに関係していま す。自分で本を選び、財布からお金を出して購入し、両手を使って本を持ち、書いてある内容を理解する。**自分で起こさなければできない行為だからこそ、多くのことに取り組んだように錯覚します。**

ただし、**事実は「まだ何もやっていない」**です。

バイオリンの練習、サッカーのドリブルに当たることが、読書では何なのか。それは、**自分の体を動かすことと、頭を動かすこと**です。

体を動かすのは、イメージしやすいと思います。たとえば本に新しいノート術が書いてあるなら、実際に、そのやり方でノートを取ってみる。

頭を動かすことは、自分の頭で考えたり、何かを作り出したりすることです。

仮に、本に「わかりやすい説明のためには、結論から話す」と書いてあったとします。それを読んで、「なるほど、結論から話すのが大事なのか」で終わらせてはいけません。

実際に人に説明するシチュエーションを、思い浮かべます。「結論から説明するとは、具体的にはどんなことか」を自分の頭で考えて、作り出す。そして、それを実際にやってみる。ここまでがセットです。

合わせて、大事なことはスピード感です。**「読む」と「実行」のタイムラグを限りなくゼロに近づける**。その場で実行できることは行動に移す。そうでなければ得た知識を、いつどこで使うかを決める。

　すると効果を実感できるようになります。自分の体や頭で覚えたことは、経験値（知）になっていきます。本当の意味で自分のものになることで、知識は自由自在に使えるようになります。効果を実感できることで、モチベーションが向上し、持続できるようにもなります。


　実行を意識して読書をしていくと、「即実行」の習慣が身につきます。たとえば上司や先輩からのアドバイスを、すぐに実行するようになる。そうして「あいつは仕事が早い」「レスポンスがいい」と思われ、「仕事ができる人」「打てば響く存在」と評価されるようになります。さらに、誰でもそうした部下や後輩には、教えてあげたくなります。そこで得られるのは、本には書かれていない生のアドバイスです。

　よい情報だけでなく、チャンスも巡ってきます。「この人に任せてみようか」「こいつに、チャンスを与えてみたい」。人がチャンスを運んできてくれるのです。

6 知識は使いどころと結びつける

私が企業研修や講演で、参加者の方々によくする質問があります。

「いま、みなさん熱心にメモを取っていただいています。講師としてもうれしい限りです。さて、ここで質問です。みなさんがメモした新しい知識。それを具体的に使う場面まで、イメージできていますか？」

こう投げかけると、多くの方はハッとした表情をします。新しい知識を獲得したことに満足していたけれど、その知識を具体的にどこで使うかまで考えていなかったことに気づくからです。

知識を実行に移すコツは、**「学んだその場で、使いどころに結びつける」**です。

そのための方法として、私はグーグルカレンダーを使うことをおすすめしています。グーグルカレンダーには、「メモ欄」という機能があります。ここで知識を整理していきます。具体的な使い方は次の通りです。

- 学びの中で「スピーチは、大事な結論から話す」という知識を得る
- その内容を「やってみる」と決意する
- 人前で実際に話す場面がいつあるか、その場でスケジュールを確認する
- 週明けのミーティングにその場面があったら、そのスケジュールのメモ欄に「大事な結論から話す」と記入する。既存の予定にその場面がなかったら、機会を作ること自体を考える
- 実際に、やってみる

このように、「学んだその場で、使いどころに結びつけること」をクセづけます。ここでは講演を例にしましたが、読書で学んだことでも同じ。小さな積み重ねが大きな差になるのです。

7 「情報」×「頭の中にあるもの」＝「思いついたこと」

前述した通り、「Ａ４マトリクス・ノート術」では、「実行すること」と「思いついたこと」の優先順位を高く考えます。ここまでは「実行すること」についてお話ししてきましたが、ここから「思いついたこと」の重要性について触れていきます。

本に書いてあることをきっかけとして、本に書いてない内容が自分の中に生まれることがあります。それが、「思いついたこと」です。「これって、もしかして」「こうすると、どうだろう」「こうかもしれない」「こんなのも、いいかもしれない」。そんな感覚です。

たとえば、「話し方」の本を読んでいたとします。

・「この人みたいに、具体的ノウハウをしっかり伝えるって、大事だな」
・「章の最後に、深い話が入っていると後味がいいな」
・「この本は、老若男女関係なく、いろいろな人と仕事しているエピソードが出てくるな。これが著者の活躍の秘訣かもしれない」

「思いついたこと」は、「インプットした情報」と「自分の頭の中にあるもの」が合体して生まれます。知識・経験・思考・才能・問題意識・願望といったオリジナルなものとインプットがつながることで、一人ひとり違うことを思いつくのです。

インプットした情報がきっかけとなって、新しいアイデアや発想が生まれる瞬間が、必ずあります。インプットとまったく関連しないことを思いつくこともありますし、妄想としか思えない内容が出てくることもあります。

それで大丈夫です。**誰でも得ることのできる情報よりも、自分の中で思いついたことのほうが、何百倍も重要**だからです。

8 「思いついたこと」が生まれたときは、読書を立ち止まる

私たちは読書をするとき「最後まで読む」ことを大事にしがちです。本を読み切ることに意味があり、途中でやめてしまうことは挫折であるように感じます。また、「たくさん読んだほうがいい」という一般的な価値観もあり、速く読み終えることを意識します。

しかし、**最後まで読むことや速く読むことよりも、大事なことがあります。読書の途中で「立ち止まる」こと**です。

「実行すること」として自分が決めたことは、読書の途中でも、本を閉じてその場で実行に移しましょう。1冊読み終えるまで、待つ必要はありません。タイムラグをゼロにしていくことの価値は、先ほどお伝えしました。

「思いついたこと」が生まれたときは、絶対に本を読み進めてはいけません。インスピレーション（直感や創造性、ひらめきの種）は、時間が経つと逃げてしまいます。自分の中で生まれた小さな発見に対して、仮説を立てたり、シミュレーションしたり、具体的なアイデアを考えたりします。

先ほど挙げた、話し方の本であればこんな考え方です。

「章の最後に、深い話を入れると後味がいいな」と思いついたら、「そういえば、自分が何かを伝えるのって、どんな場面があるだろう？」と考えていきます。するとと「あっ、僕はブログを書いてるな。お客様にプレゼンする機会もあるよな」と、さらに思いつきます。

そこから「じゃあ、そうした場面の最後に、深い話を入れてみるか。自分が伝える深い話って何だろう？」と掘り下げます。「こないだあったカフェの店員さんとのエピソードとか、どうだろうか？　あっ、意外と使えるかもしれない」……。

このように、思いついたことを深めたり、仮説を立てたり、シミュレーションしたりして、具体的なアイデアを考えていきます。

このときスピードは必要ありません。10分でも20分でも時間を使って大丈夫です。ソファに寝転がったり、椅子に座って天井を眺めたり、リラックスできる状態で考えていきます。そうしてさらに「思いついたこと」が生まれます。

本に書いてあることは、すでに世の中に存在しています。しかし、自分の中で生まれたものは、まだ世の中にないかもしれません。それをどんどん作り出せるようになることで、オリジナルな存在に近づくのです。

9 「感動の蒸気」で、行動のタービンを回す

「実行すること」「思いついたこと」に直結するのが、「感動」です。

私たちは、本を読むことで知識や情報だけではなく、感動も得ています。そう言うと詩や小説をイメージすると思いますが、ジャンルは問いません。ビジネス書であっても、その人の考えやエピソードに触れて、「すごいな」「自分も見習おう」「勇気をもらえる」「やる気が湧いてきた」と、心が動くことがあると思います。

うれしく思ったり、涙したり、興奮するときに生まれる熱量があります。感動の熱量によって生まれる蒸気。これが、ひらめきにつながる大事なエネルギーです。**ひらめきは単なる頭脳活動ではなく、自分の心が生み出す創作活動や創造的な営み**という側面も持っています。そこには「熱さ」が不可欠です。

ただし、それだけでは何も生まれません。発電所でタービンを回して電気が生まれるように、「感動の蒸気」を使って、行動のタービンを回していきます。

読書で言えば**「いい話だったなあ」で終わらせない**ことです。

- 「すごく勇気づけられた」
- 「自分も何かしてみたい」
- 「社会に役立つ人間になりたい」

自分の中に生まれた思いに目を向けていきます。そう感じた自分に、何ができるかを考える機会にするのです。

そのうえで、「実行すること」を書き出してみます。小さなことでも、大きな価値です。もしかしたら、スケールの大きなことを「思いつく」かもしれません。それも、自由に書き出してみてください。

感動を、感動のままで終わらせない。これがひらめきにつながる読書法です。

10　「衝撃を受けたこと」「その他、重要だと思ったこと」の扱い方

ここまで「実行すること」と「思いついたこと」にフォーカスする大切さをお話ししてきましたが、「Ａ４マトリクス・ノート」には、ほかに「衝撃を受けたこと」「その他、重要だと思ったこと」の箱もあります。これを無視していいわけではありません。

「衝撃を受けたこと」に書く内容には、自分の気持ちが結びついています。「間違っていた」「悔しい」「甘かった」「ものすごく損していた」。こうした気持ちです。これらが「変わりたい」「変わらなきゃ」といった人を動かす動機につながります。

この気持ちを「実行すること」に変えていくことが大事です。そのままにしておけば、せっかくの衝撃も薄まっていきます。

「衝撃を受けたこと」を書き切ったら、それを眺めて、こう自分に問いかけます。

「『衝撃を受けたこと』を味わった自分が、『実行すること』は何か？」

その答えを自分で考えていきます。

「本に書いてあった、ノート術をやろう」と改めて選択することでも大丈夫ですし、「本の内容とは違うかもしれないけど、まずは日常生活の中で、これをやってみよう」でも構いません。どんな小さなことでもいいですし、たった1つでもOKです。感じた気持ちを、具体的な行動につなげていくことに価値があります。


もう1つの箱、「その他、重要だと思ったこと」に書いた内容の9割近くは、その内に忘れます。それで構いません。記憶からは抜け落ちてもいいので、情報が必要となる場面で、取り出せるように整理しておきます。その方法は、第6章でお伝えしていきます。

11 読書量で不安を埋めようとしない

私たちが読書をする動機には、ポジティブなものとネガティブなものが混在しています。「専門知識を得て、自分を成長させたい」という一見ポジティブな理由にも、「会社に何かあったときが怖い」とか、「市場価値を高めないと、将来が不安だ」というネガティブな気持ちが共存しています。

これは、決して悪いことではありません。人のモチベーションや行動の理由は、複雑に絡み合っているのが自然な状態です。ひと言で表現できるような単純なものではありません。「健全な危機感」や「不安に対する備え」は、人間が持っている察知能力でもあります。

ただし、だからこそやってしまいがちな間違いがあります。それは「読書量で不安を埋めようとする」選択です。

何度もお伝えしていることですが、インプットの「量」は、必ずしも自分の成長や将来を保証してくれません。むしろ、インプットの量を最優先することで、努力の方向性を間違ってしまうほうが、よほどリスクがあります。

また、時間は有限です。読書ばかりをしているわけにはいきません。さまざまな面で、どのように時間を使うかを考えなければいけません。時間の使い方は人生の使い方とイコールです。無駄な時間はなるべく排除すべきです。

読書の途中であっても、**感覚的に合わないと思ったら、最後まで読み通す必要はありません**。「期待していたものと違ったな」と感じたり、主張や文章になんとなく違和感を覚えたりするときです。

そう感じているのに、「この先にいいことが書いてあるかもしれない」「読み切れない自分は、意志が弱い感じがする」といって読み進めるのは、まるで嫌いな食べ物を無理して食べているようです。食べ物であれば健康になれるかもしれませんが、自分に合わない読書は、何のメリットももたらさないのです。

12 効率10倍！「学びのゴールデンタイム」

本章では読書をメインにインプットの方法をお話ししてきましたが、学びの機会はほかにもたくさんあります。場面にかかわらず覚えておきたいのが、学びの効率が格段に上がる時間帯です。それが、「学びのゴールデンタイム」という概念です。

筋トレにはゴールデンタイムがあるといわれます。トレーニングをしてから30分以内にプロテインを摂取すると、効果的に筋肉がつく。しかしその時間を過ぎると、たちまち吸収率と筋肉への変換率が落ちてしまいます。

学びもこれと同じです。**直後の30分を有効に使うのとそうでないのでは、成果が大きく変わります。**

―――

・ビジネス書を読み終わった

- 社内研修のカリキュラムが終わった
- 社外の勉強会やセミナーに参加した
- オンラインの教材や講座を学び終えた

その直後の30分が「学びのゴールデンタイム」です。

仮に5時間の社内研修があったとします。その直後の30分が、３００分を費やした学びを結果につなげることができるかどうかを決めます。しかし、みんなそのことを知らないので、別の行動に移ったり、息抜きしたりします。これが、本当にもったいないことです。

学びの時間は、本や講師といった、他者からの知識や情報で成立しています。一方で、その後の「学びのゴールデンタイム」は１００パーセント自分一人で取り組む時間です。そのため、自分の意識がより主体的なモードに切り替わります。学びの直後は熱量の高い状態なので、さらに吸収率が高くなります。

「学びのゴールデンタイム」の効果は、一度知ってしまうと活用しないわけにはいかなくなるくらいにパワフルです。

では、その30分間に何をすればよいのか。それが先述した「Ａ４マトリクス・ノート術」です。学び全体を振り返り、整理することで、得た情報をより効率的に、自分の血肉とすることができます。

「学びのゴールデンタイム」を上手に使える人が、人生を変えていくのです。

第2章
うまくいっている人・モノから吸収する

第1章では、情報をドリップする必要性と、具体的な手法である「A4マトリクス・ノート術」をお伝えしました。この章では、広い視野で日常的なインプットに触れていきます。ここで学んだことも、「A4マトリクス・ノート」に落とし込んでいってください。

ひらめきに必要な考え方として、「情報の選別能力を高める」という点があります。どんな情報を取り入れるべきで、どんな情報は取り入れてはいけないか。仕事ができる人や成果を出せる人ほど、情報の目利きが上手です。

彼らは、独自のニュースソースや秘密の人脈を持っているわけではありません。みんなと同じ情報源の中から、上手に選んでいるのです。情報の選別能力が低いと、間違った情報や不要なものまで集めてしまいます。それが時間の浪費や機会損失につながります。

「何を」「どのように」インプットすればいいのか。具体的な方法は「うまくいっている人・モノから吸収する」です。このルールを知ることで、情報の選別能力を高めることができます。

そして、ひらめきには知識や情報だけではなく、「インスピレーションを刺激する」インプットも必要です。ひらめきは単なる頭脳活動ではなく、創造的な営みだからです。自分のインスピレーションが湧くような人・モノに触れ、自分のエネルギーを高めることも不可欠になります。

あわせて、情報との付き合い方・距離の取り方も知る必要があります。

私たちはネガティブな情報からネガティブな影響を受けますが、ポジティブな情報であっても、付き合い方によっては悪影響があります。このことを知らないと、かえって自分のポテンシャルを狭めてしまう場合があります。

「オリジナルな存在になること」を目指すうえで、知っておくべき情報との付き合い方も、一緒に学んでいきましょう。

1 成果の出ていない人の主張に、耳を傾けない

私は教育コンサルティング会社時代に、とても悔しい思いをした経験があります。

当時、私は自社の教育サービスを歯科業界へ展開することを考えていました。そこで可能性と将来性を判断するために、ある歯科医の方にヒアリングをしました。返ってきたのは「歯科業界には学ぶ意欲のある人が少ないので、難しいです」という答えでした。専門家から聞いた情報だからと、私は歯科業界の開拓を計画から外しました。

しかしそれから2年後、同僚が歯科医の方をどんどんクライアントにしていったのです。会社全体の売り上げに占める歯科業界の割合も大きくなり、会社としても、歯科業界を積極的に開拓していこうという認識に変わりました。2年前に、一度は自分が見つけたチャンスです。それを逃したことに、悔しくて仕方のない思いをしました。

同僚に聞いてみると、彼も歯科医の方にヒアリングしたと言います。しかしその内

容は、「歯科業界には、学びたい人たちが絶対にいる」というもの。私とは、真逆のアドバイスをもらっていたのです。

歯科医の方にヒアリングしたのは、私も同僚も同じです。ただし、相手が異なっていました。私がヒアリングしたのは、数名規模のクリニックをしていた方。同僚はドクターやスタッフを合わせると100名以上になる、業界でも大規模なクリニックを経営している方に意見を聞いたそうです。

同じ質問をしても、成果の出ている人と出ていない人の判断は、180度異なるものでした。結果として、私はみずからチャンスを棒に振りました。

結果が出ないときや、独立してどうやって稼いでいくかがわからないときなど、仕事をしていくなかで悩むシチュエーションはさまざまにあります。そこでやってしまいがちな間違いが、「聞くべき人」ではなく「聞きやすい人」に意見やアドバイスを求めることです。

私たちは何か困ったとき、まずは仲のいい相手や気軽に聞くことのできる相手に意見を求めます。あるいは連絡が取りやすかったり、物理的な距離が近かったり、すぐに聞くことができる人の場合もあると思います。

しかし、その人たちが「聞くべき人」であるかどうかは別の話です。たとえば、結婚相手を見つけたいと願っている人が、同じように独身で恋人がいない人に相談に乗ってもらっている。まさに「聞きやすい」相手ですが、「聞くべき人」ではないこともあります。

聞くべき相手は、自分が困っていることの解決策を知っている人、解決した経験のある人です。つまり、その分野で結果を出している人です。彼らは往々にして立場の高い人たちなので、むしろ「聞きにくい」相手です。「ちょっと恐れ多い」とか「迷惑がられるかな」と感じることもありますが、それを越えて意見を求めることが大事なのです。

2 同業種のトップからは基準を学び、他業種のトップからは発想を仕入れる

どんな仕事であれ、トップ（第一線で活躍している人や企業）を研究し、学ぶことには大きな意味があります。**大切なのは、同業種と他業種、両方のトップを研究すること**です。それぞれから学ぶべきことは異なります。

イメージしやすいのは、同業種のトップだと思います。しかし、同業であるがゆえに、具体的なノウハウや技術といった、表面的なことに終始しがちです。この意識はかえって自分のポテンシャルを狭めます。

同業種のトップたちから学ぶべきは、ノウハウよりも「基準」です。その人が持つ仕事へのこだわりやクオリティの追求、意識の高さといったものです。**彼らと自分とを隔てているのは、基準の違い**です。そこに目を向けなくてはいけません。そうした

視点を持って、彼らを研究・観察していきましょう。

このときに大事なのは、スポーツ漫画でライバルに打ちのめされる主人公のように、トップと自分との違いを実感することです。ライバルのやり方をマネするだけでは、一生勝てません。ライバルのすごさを認めることが成長には必要です。


一方で、他業種のトップは視野を広げてくれます。

どんな業界にも、その業界特有の常識があります。その多くは固定観念とも呼ぶべきもので、無意識のうちに思考を狭めてしまっています。あるいは「これがうまくいった」という成功体験や、過去の失敗を根拠にした「そんなのうまくいくはずがない」という考え方も、固定観念になり得ます。

経験の長い人ほど、固定観念から抜け出すのが難しくなります。その**固定観念を壊してくれるのが他業種で活躍する人たち**です。

ある業種でうまくいったやり方は、別の業種でも再現しやすい場合が多いと言えます。次の話は、実際にあった葬儀会社の話です。

その会社では、もともとウェディング業界で成功した人物が変革を起こしました。故人が生前好きだったものや趣味の品を会場に展示するなど、亡くなった人がどういう人だったのか、どんな人生を歩んできたのかが、参列者に伝わるように考え抜かれた葬儀を提供しています。

このサービスの故人を新郎新婦に置き換えれば、ウェディング業界では当たり前にやっていることだとわかります。それを葬儀に取り入れた結果、「自分や家族が亡くなるときはここにお願いしたい」と、お客様が殺到しています。

ほかにも、他業界からやってきた人が改革を起こした例はたくさんあります。業界の外から取り込まれるアイデアが、差別化につながるのです。また他業界ではあってもすでに実証済みのアイデアなので、参考にしやすいというメリットもあります。

他業界でうまくいっていることなのに、自分の業界ではやっていない。いわば**「業界の死角」となっていることが、他業種という位置からは簡単に見える**のです。

同業種と他業種、それぞれのトップから学びましょう。

3 「当事者記事」と「考察記事」を区分する

前項でもお話しした通り、うまくいっている人や企業、成功したプロジェクトなど、成功事例から学ぶことは有益です。しかし注意点があります。最近はインターネットでさまざまな記事を読むことができますが、そこにはじっくり読むべきものと、無視すべきものが混在しています。その違いは、「当事者記事」か「考察記事」かです。

私たちが読むべきなのは「当事者記事」です。成功したプロジェクトには、何人もの当事者がいます。企画責任者、マーケッター、販促リーダー。「当事者記事」は、成功に携わった本人たちが語る熱量に満ちた言葉です。これは、じっくり読むべきです。

ちなみに、『文春オンライン』には良質な「当事者記事」が多数掲載されています。週刊誌的なイメージもあるかと思いますが、文春オンライン記事はおすすめです。

「考察記事」とは、その商品やプロジェクトの当事者ではない人が書くものです。専門家による記事であっても、単なる分析・憶測の域を出ない内容がほとんどです。

こうした記事の多くは、「なぜ、○○は驚異的なヒットを生み出したのか」というような見出しになっています。注目を集めやすく、ページビューを稼ぐために頻繁《ひんぱん》に書かれますが、書いている人たちはあくまで部外者です。**「考察記事」は一見説得力があるように見えますが、当事者が読むと往々にして的外れな内容**です。

ただし、例外があります。同じ業界のトップランナーがほかの人物を解説する記事です。たとえば、有名なユーチューバーに関する考察記事があるとします。これをYouTubeもやっていない部外者が書いているのであれば、無視です。しかし、記事の対象となる人物と同等以上の実績を持つユーチューバーが書く記事であれば、読むべきです。同じ業界で同格の人たちは、当事者と近い感覚や視点、体験を持っているので、的確な内容になります。広い意味での「当事者記事」として扱いましょう。

「当事者記事」と、「考察記事」。同じ時間をかけるのであれば、より有益な記事を読むべきです。

4　才能が開花する「焚き火の法則」

「才能」という言葉があります。その有無によって誰もが悔しい思いをしたことがあると思います。運動会、写生大会、カラオケ、部活……。それぞれに「才能のある人」がいて、自分がたくさんの時間をかけても、他人に軽々と先を行かれてしまうこともあったかもしれません。「自分が欲しいと願う才能ほど、他人が持っている」。そう感じたことがある人も少なくないと思います。

私たちはそうした経験から、「才能は生まれ持ったものである」と信じてしまいます。スポーツや芸術など、確かに才能の有無が影響する分野もあると思います。しかし、**ビジネスに限って言えば、これは当てはまりません**。スピーチ力や数字を読む力、市場分析力、あるいは本書でお伝えしている「ひらめき」のための力。これらは後づけで、いくらでも高めていくことができるのです。

そのためには勉強・訓練・努力も必要ですが、もっと確実でパワフルな方法もあります。

それが、「焚き火の法則」です。自分があこがれる才能を持っている人と、時間をともにする。焚き火に当たって体がポカポカと温まるように、**才能がある人と一緒にいることで、自分の才能が開いていきます**。

自分の欲しい才能を持っている人と物理的な空間を共有して、一緒に過ごします。スピーチがうまくなりたいと思い、スピーチがうまい人のYouTubeを見続けるとします。もちろん効果はあるのですが、物理的に時間をともにすることは、YouTubeとは桁違いの効果をもたらします。単なる知識やノウハウだけでなく、本人の持つ雰囲気やオーラ、細かな息遣いやテンポといった、リアルでしか感じられないものを全身で吸収することで、より多くを学べるのです。

このことに、科学的な根拠はありませんが、伝統職人の徒弟《とてい》制度や、一流のシェフやパティシエの厳しい下積み、といった話からもイメージできると思います。

そして、不思議なことに**「自分にはこんな才能がない」と思っている分野ほど、効**

果が出やすいのです。なぜなら、その多くは間違った思い込みだからです。

「焚き火の法則」でともに過ごす人は、その才能が備わっていることを当たり前として日常を過ごしています。そうした相手と接するなかで「自分にはこんな才能がない」という間違った思い込みが、自然に溶けていきます。

「自分の目指していくような活動や活躍を、すでにしている人」が具体的にいれば、その人とともに過ごせる方法を考えましょう。人によっては、講座やイベントを開いていることもあります。そして、チャンスを見つけたときは、迷わず飛び込んでみてください。才能は、いまからでもいくらでも、新しく開花するのです。

5 一流の創作の裏側に触れる

誰にも「好きな作品」があると思います。歌や音楽、ドラマや映画、小説やマンガ、本、ゲームやアニメ。どんなジャンルでも構いません。思い出してみてください。

- 「あの曲を聴いて、感動した」
- 「死ぬときは、あのＤＶＤを棺桶に入れてほしい」
- 「この小説、何度繰り返し読んだかわからない」

一流の創作は人の心を動かします。１つの作品が人生を救ってくれたことも、あるかもしれません。それだけのパワーがあるのです。

そうした作品に触れることで、私たちの心は動きます。すると、普段以上に心のエネルギーが湧いてきます。それだけでなく、一流の創作が持つパワーが、私たちに伝《でん》播《ぱ》します。インスピレーションを受け取るイメージです。

ただし、作品そのものに触れる以上に、パワフルな方法があります。「一流の創作の裏側に触れる」という行為です。

一流の創作には一流の作り手がいます。出来上がった作品を観るだけではわからない、創作活動の舞台裏。一流の作り手が何を考え、どのようにしてきたかに触れていきます。自分の好きな作品の裏側であれば、「知りたい」という気持ちは強くなり、さらに効果は高くなります。すごく楽しくて、興奮する体験です。

一流の創作の裏側に触れるときには、**「自分自身も、何かを作り出す人物になっていくぞ」**といった視点で観察します。観客とは異なるマインドです。

- どのようにその作品を思いついたのか
- 作っていくうえで意識していたことは何か

・作る日常は、どんな過ごし方か
・普段からどんなことを考えているか
・仕事のこだわりは何か

まずは本や雑誌です。映画監督やプロデューサーの本だけでもたくさん出てきます。制作秘話や完成するまでの過程、そこではどう動き、何を考えていたかが語られています。

テレビにも、『プロフェッショナル　仕事の流儀』や『情熱大陸』など、作り手にフォーカスした番組があります。あるいはインターネットで「人名・作品名」「インタビュー」と検索すれば、インタビュー記事はすぐに見つけることができます。

創作した人の話を聞くことのできる、講演会や公開収録などのイベントに行くのもいいでしょう。直接話す場を持たない方針を持つ人も多いので、機会自体が少ないかもしれませんが、常にアンテナを立て、調べておきましょう。

さらに**実際の創作現場に足を運ぶことができれば、リターンはより大きくなります**。

実際の現場を見ることは難しい場合もありますが、原画展や作品展もあります。そこには作品の原画や仕事道具が展示されています。実物が持つパワーを自分に焼きつけながら、一流の創作の裏側に触れてみましょう。実物の迫力を肉眼で見ることは、自分の中に大きなインパクトを残します。

一流の創作の裏側に触れるときは、前述のような視点と同時に、**「自分の活動や仕事に活かすとしたら、どんなことだろう？」**という意識を持ちましょう。一流の創作をした人たちが持つエネルギーやパワーだけでなく、仕事術や発想法をインストールできます。

6 Yahoo!ニュースから、「リスペクト記事」を見つける

私が社会人になったばかりの頃、叔父に言われたことがあります。叔父はパワフルな経営者で、都内に自宅を持ち、高級外車を何台も所有するほどに事業がうまくいっていました。

「いいか、新聞くらいは読まなくてはいけない。最低限のことだ」

叔父が営む事業が、有名新聞社の新聞販売店だったこともあると思います。私は、「はい」と答えつつも、本音では「めんどくさいなあ……」と、感じていました。

それから10年ほど経って、私はコンサルタントとして独立しました。ビジネスや経営に関する相談を受けることも少なくありません。しかし、叔父に言われてからいままで、あまり新聞を読んでいません。経済誌やビジネス雑誌も毎月読んでいるわけで

はありません。それでも、クライアントの方に満足いただけるサービスを提供できています。

私があまり新聞を読まないのは、**周囲と同じような行動を続けるよりも、自分の価値やオリジナリティを磨くことに時間を使うことのほうが、大事**だと考えるからです。本当に集めるべきは、「興味ある」「学びたい」「参考にしたい」情報だけです。

その具体的な方法が、「Ｙａｈｏｏ！ニュースから、リスペクト記事を見つける」です。誰でも自分の大好きな分野や対象があると思います。前項とも重なりますが、そこには、必ず先人が存在します。映画であれば映画監督、脚本家、俳優、プロデューサー、演出家、特殊メイク……。そういった、**自分の好きな分野のプロのインタビュー記事、敬意（リスペクト）を払って読みたくなる記事を探します**。

Ｙａｈｏｏ！ニュースをスクロールしているだけで、いくつか出てきます。これまでの検索ワードや読んだニュースに関する記事が優先的に表示されるので、人によってはすぐ出てこない場合もありますが、「リスペクトする人の名前」「インタビュー」で検索を繰り返していけば、表示される頻度が増えていきます。

プロたちが何を大切にしているのか、常日頃から意識していることは何か、不遇の時代をどう乗り越えてきたか、人生の転換点がどんなかたちでやってきたか、そうした内容が盛りだくさんです。読んでいるだけで面白いはずです。

「こんな気持ちで自分もがんばりたい」「すごく刺激をもらった」「この発想はなかった」「勇気をもらえた」「学びになることが、あふれてる」。「A4マトリクス・ノート」に書く4つの分類すべてが増えます。

ここでも大事なのは、**記事の内容よりも、自分の中に生まれたものにフォーカスすること**です。最初は少しずつかもしれませんが、慣れてくると、あふれるように出てきます。

リスペクト記事を見つけるのは、1日1つで大丈夫。フレッシュな気分のときのほうが集中して読めるので、朝一番や昼休みに読むのがいいと思います。そこで得る学びは、確実に自分の中に蓄積されていきます。何よりも、自分が大好きな分野なので、楽しく続けられるはずです。

7 リスペクトする人のエネルギーを、「デジタル写経」で取り入れる

ここでは、前述の「リスペクト記事」を通して、さらに多くの学びを得る方法を紹介します。それは「デジタル写経」です。

リスペクト記事が写経のお手本になります。といっても筆や紙は必要ありません。スマホのメモアプリやパソコンのワードを使って書き写していきます。

記事全文ではなく、心を動かされたり、衝撃を受けたりした内容、120字〜200字くらいを書き写していきます。1つのインタビュー記事の中で複数の箇所が出てきたら、それぞれ写していきましょう。

ポイントは、見本を見ながら書き写さないことです。

まず、心が動かされた文章を読んで頭に入れます。そのまま見本を見ずに、スマホ

やパソコンで書き出します。すると間違えずに書こうとしたつもりでも、お手本と自分が書いたものを見比べると、伝言ゲームのように違ったものになっているはずです。

そこにある若干の表現の違い、些細《ささい》な語尾や言い回し、言葉の選び方が、自分とリスペクトしている相手の間にあるギャップです。これを埋めていくことで、リスペクトする相手が持っている才能やエネルギーを取り入れていくことができるのです。

一度やってみて、見本と異なる箇所があれば、もう一度記事を読んで頭に入れる。そうして見本を見ないで修正する。これを一言一句違わない文章になるまで繰り返します。すると**相手がどうしてその言葉や言い回しを選んでいるのかが、少しずつ理解できる**ようになってきます。頭で考えるのではなく、体で理解していく感覚です。

デジタル写経で取り入れることができるものはたくさんあります。

- 基準：何にこだわり、どれくらい妥協しないか
- 視点：世の中を眺める視点
- 発想：どんな発想で、物事を生み出しているか

- 感覚：うまくいく人が持っている感覚
- 考え方：常日頃、何を考えているか
- 姿勢：物事に取り組むときの気持ち
- 生き方：人生や活動に対しての哲学的な部分
- 才能：ほかの人にはないような能力
- オーラ：リスペクトする人から滲《にじ》み出る、雰囲気や風格

「デジタル写経」は、1回やったからといって劇的な変化が起こるものではありません。少しずつ繰り返していくことで、いつの間にか身についていきます。通勤時間や昼休み、移動時間や待ち時間を有効活用して、リスペクトする人の才能やエネルギーを自分の中に取り入れてみてください。

8 「○○さんみたいになりたい」を禁句にする

ここまで、一流の人、リスペクトする人から学びを得る方法をご紹介しました。その多くは、自分のなりたい姿、理想のライフスタイルを叶えた、お手本となる人ではないかと思います。

テレビや雑誌に出るような有名人に限らず、「こういう人になりたい」という理想像を「ロールモデル」と呼びます。

よいロールモデルを持つことは、成長への近道です。自分が理想とする将来の姿やライフスタイルを、明確にイメージできる人は多くありません。ロールモデルを設定することで具体的な道筋をイメージでき、実現するスピードが速まっていきます。

ロールモデルは上司や先輩かもしれないですし、職場以外にいる場合もあります。

本の著者、雑誌でインタビューされている人やインフルエンサー、テレビに出ている人の場合もあります。人によっては、「仕事のロールモデルはこの人、プライベートのロールモデルはあの人」と、分野ごとに違う人物を設定することもあります。

私は教育コンサルティング会社に勤めていたとき、のべ7000人以上の方と個人面談をしました。その中にもロールモデルを設定する人がたくさんいたのですが、上手に成長できる人もいれば、かえって自分のポテンシャルを狭めてしまう人もいたのです。

両者の違いは、ちょっとした口グセに表れていました。

「〇〇さんみたいになりたい」

この言葉を口に出す人は、自分自身のポテンシャルを狭めてしまいがちですし、口に出さない人ほど、上手に成長し続けます。

そこにある違いは、**あこがれか、リスペクトか**です。

- あこがれ＝「あの人みたいになりたい」
- リスペクト＝「あの人に敬意を払うけれど、自分もそんな存在になる」

この2つはまったく異なる姿勢です。

「○○さんみたいになりたい」と口にしているとき、○○さんが主役で自分は脇役になっています。「あの人は自分よりすごい人」「自分にはないものを持っている素敵な人」というように、自分の立場を自分で下げてしまっています。

この精神状態でロールモデルを目指しても、模倣に過ぎません。オリジナリティが薄れ、自分本来のポテンシャルを見失います。あこがれの対象のまぶしさに、引っ張られている状態です。

成長できる人は、「あの人と横並びでいられる自分になりたい」と考えています。あこがれの気持ちの手綱《たづな》を握り、相手をリスペクトはするけれど、自分のことも同じだけリスペクトしています。

その上で、ロールモデルの現在よりも、現在までに積み重ねてきた努力や行動に目を向けます。なぜなら、過程を知ることで自分自身にアレンジして取り入れられるし、自分とロールモデルの意識の差を確認することができるからです。これは本章でお話しするすべての手法を通して、大切なマインドセットです。

誰でも、自分以外の人物にあこがれる気持ちを持っています。それを否定する必要はありませんが、「あの人みたいになりたい」と思うのではなく、相手と同様に自分のこともリスペクトする。その人が持つすばらしいところに刺激を受けながらも、自分自身の価値を再確認し、オリジナルを生み出していく。その姿勢で「この人はどんな発想をしているのか」「自分の仕事に置き換えるとしたら、どんなことか」を考えることが大事なのです。

9 「盗む」「パクる」ではなく、「学ばせていただく」

うまくいっている人から学びを吸収しようとするうえで、使いがちな言葉がありま す。「目で見て盗む」「徹底的にパクる」。何気なく使われる表現ですが、禁句です。

会社員時代、会社の費用負担で、外部研修に行ったことがありました。事前に社長と話をするなかで、私は意気込みを表明するためにこう言いました。

「せっかく参加してくるので、徹底的にノウハウや情報を盗んできます！」

「いい意気込みじゃないか」と褒められることを想像していた私を、社長は静かに諭してくれました。

「盗む、という言葉を使うのはやめなさい。盗むというのは盗人《ぬすっと》が使う言葉だよ。あなたは盗人ではないのだから、学ばせていただく、という言葉を使いなさい。自分が何気なく使う言葉に気をつけること。なぜなら、自分の使った言葉の通りの人間になるからだよ」

ハッとする思いになったのを、いまでも覚えています。

これを、「言語管理」といいます。日本に「言霊《ことだま》」という考え方があるように、**自分の使っている言葉が思考を作り、態度になって表れ、現実を作っていきます**。言語管理は思考を管理することでもあり、人生を管理することでもあります。

一流の人ほど、意識的に言語管理をしています。これはひらめきと大いに関係します。ひらめきとはオリジナルなものを生み続ける活動であり、「盗む」や「パクる」とはまったく違う心の姿勢です。

「盗む」「パクる」に限らず、何気なく使っている言葉こそ、意識的に選んでいくこと。小さな習慣として、言語管理にチャレンジしてください。

10 借り物の言葉を使わない

前項に続き、言葉の使い方としてもう1つ、気をつけておきたいのが、「借り物の言葉を使わない」です。

ここまで繰り返しているように、先人の知恵や影響力のある発信に触れることで、たくさんの学びを吸収することができます。注意しなければいけないのが、こうした情報源には「強い言葉」がたくさんちりばめられていることです。

たとえばスティーブ・ジョブズの「コネクト・ザ・ドット」や、「スティ・ハングリー、スティ・フーリッシュ」のような言葉。物事の本質を捉えた納得感や斬新なインパクトがあり、「なるほど」「こう考えればいいのか」「これが大事なんだな」といった感覚になります。

しかし、それらは**どんなにすばらしいことを伝えてはいても、他人の言葉**です。引きずられてしまえば、自分の発言や思考の中に、他人の言葉が紛れ込んできます。

読者のみなさんの周りにも、いつもどこかで聞きかじった言葉で話すような人がいるのではないでしょうか。それだけならまだしも、繰り返し他人の言葉を使うことで、考え方にまで他人が入り込んでしまいます。本人は気づきにくいですが、周囲から見るとハッキリとわかります。自分の独創性やオリジナリティが損なわれていき、影響力や人間的魅力が小さくなります。

「自分の言葉」を持つための効果的な手段が、「辞書を引く」です。仕事柄、業界のトップランナーと呼ばれる人たちとお付き合いしてきましたが、この習慣を持っている人が少なくありません。

言葉は、あらゆる生き物の中で人間だけが持つ重要な道具です。言葉があったからこそ、人間社会は進化してきました。職業問わず、成果を出している人は厳密さと正確さを持って言葉を選んでいます。彼らは言葉に対する精度が、仕事のクオリティを左右することを知っているのです。

では、彼らはどんなときに辞書を引いているのか。

それは大きく、「理解」と「伝達」の場面です。

「理解」の場面は、言葉自体の意味がわからないときや、類似する言葉との使い分けを知りたいときです。1つの言葉の明確な定義を、自分の中に増やすために辞書を引きます。そうした蓄積をすることで、自然と言葉に対する精度が高まっていきます。

「伝達」の場面は、自分の感覚や伝えたいことを表現するときです。たとえば、「わかる」「理解する」「腑に落ちる」「納得する」という言葉。それぞれ似ていますが、伝えたいニュアンスが異なることがわかると思います。

自分の言葉を持つためには、使い古された表現を安易に使ってはいけません。表現が難しい、些細な部分の説明がめんどうなことほど危険です。なんとなく言葉を選んでしまうことで、思考を深められる機会を逃します。さらに、自分の感じたことやニュアンスを正確に言葉にしないでいれば、自分の感覚に対するセンサーが鈍っていきます。

辞書で調べた言葉の中からどれを使うかは、〝しっくりくるかどうか〟で決めます。あいまいなようですが、自分の感覚に合った言葉を自分で選ぶことが、自分の言葉で話すということです。使い古された表現でも、しっくりくるなら使って構いません。

自分の言葉を持っている人には、確信感と影響力が備わります。発言を通して、その人が持つエネルギーや信念が自然と相手に伝わるからです。これがリーダーシップの土台になります。言葉の精度を高めることは、あらゆる職業における必須要素なのです。

うまくいっている人・モノから吸収する。それと同時に、オリジナルな存在になることを常に目指し続けてください。

第3章
「ひらめきの素材」を増やす思考法

この章からは、本格的に「ひらめきの素材」を増やすレッスンに入っていきます。大きな特徴は、「日常を楽しみながら、成長していく内容」に仕上げてあることです。無理に早起きしたり、頭を抱えて勉強したり、ほかに何かやりたいことを我慢したりする必要は一切ありません。

「ひらめきの素材」を増やすレッスンはそのまま、あなたの頭がよくなるトレーニングに直結しています。自分の頭で考える。深く物事を考え抜く。こうした力が、自然と高まっていきます。

多くの人は、何かを学んだり勉強したりするときに、授業や教科書といった、知識の詰まったものから情報を得ようとします。つまり〝小難しいもの〟です。

しかし、これは間違いです。分厚いビジネス書を読んだり、脳をフル稼働させてIQを高めたりするような勉強は、あなたが本当にやりたいものでしょうか。義務感や我慢を土台にした学びから、パワフルな成長は期待できません。

なぜなら、私たちが本当に学びを得ることができる対象は、まったく別の所にあるからです。

本章で扱うのは次の４つの対象です。

- 興味のあること
- 好きなこと
- 没頭してしまう趣味
- うまくなりたいこと

あなたが夢中になって、時間を忘れて取り組んでしまうものたちです。これらは、誰一人として同じものにはなりません。個性が色濃く表れる対象の中から「ひらめきの素材」を増やしていくことで、オリジナルな存在に近づいていきます。そのための思考プロセスを、この章でお伝えします。

キーワードは「問い」と「自分でたどり着いた答え」。この本の根底を流れる、大事な考え方を扱っていきます。

それでは、「ひらめきの素材」を増やすレッスン。一緒に楽しんでいきましょう。

1 答えを得ることよりも、問いを増やすことを目指す

長年コンサルティング業に携わるなかで、幸いなことに多くのクライアントの方々と接しています。会社員時代から数えると、数千人を超えます。

たくさんの方々が持つビジネスの課題と向き合っていると、うまくいく人たちと、うまくいかない人たち、それぞれの共通点が見えてきます。両者を比較すると、そこにははっきりとした違いがありました。講座やコンサルティングに参加するときの、基本姿勢が違っていたのです。

うまくいかない人たちは、何を知る必要があるのかを明確にしていません。

- 「ここに行けば、何かを知ることができる」
- 「答えを知れば、自分の問題が解決する」

- 「自分が知らない秘密を、講師が知っているに違いない」

このように、ただ答えが欲しくて参加します。だから、答えを得るだけで満足してしまい、さらなる疑問や質問があまり生まれません。結果的に、そこで学びや成長が止まります。また、行動する前に満足してしまうこともあります。

反対に、**うまくいく人たちは明確な「問い」を持って、参加します**。

たとえば、話し方がうまくなりたいとします。

- 「話が長いと言われるけれど、どうやったら短くできるか?」
- 「説明がうまい人と、下手な人の違いはどこにあるんだろう?」
- 「たとえ話の作り方には、どんなポイントがあるのか?」

このように、情報(=答え)を知る前段階として「問い」を持ち、その答えを掴むために、講座やコンサルティングに参加します。得たいものが明確な状態であり、具体的な質問も用意したうえで臨むのです。

コンサルタントや講師たちの間では「うまくいく人は、何を聞いても自分の学びにする」といわれます。すべての情報を「問い」に結びつけながらインプットし、結果につながるように翻訳したり、変換したりする能力が高いのです。

そうした人たちは、「問い」に対する答えを掴んだ瞬間に、さらに自分の知りたいことや疑問が増えていき、「問い」の連鎖が起こります。

- 「わかりやすい説明は、何が違うのだろう?」(問い)
　↓
- 「『結論・根拠・たとえば』の順番で話すと、わかりやすい説明になる」(答え)
　↓
- 「じゃあ、『たとえば』を上手に作るためのポイントって何だろう?」(問いの連鎖)
　↓

・「聞いた人が、〝あるある〟と感じる例を選ぶことを意識する」（答え）
　　　　↓
・「〝あるある〟の引き出しを増やすために、日常的に何ができるかな？」
（問いの連鎖）
　　　　↓
（継続）

こうして自分が知りたい分野の知識や情報が、体系的に深掘りされます。

そして、それ以上に大事な要素が**「自分でたどり着いた答え」**です。「問い」の先にたどり着いた、自分なりのアウトプット（結論）を指します。それ自体がオリジナルなものでなければいけないわけではありません。自分に何が必要かを考えた結果得た答えであれば、その知識自体が一般的なものであっても、「自分でたどり着いた答え」です。さらに、そうした思考を鍛えることで、答えそのものがオリジナルになることもあります。

先ほどの例に沿って、解説します。

「わかりやすい説明は、何が違うのだろう？」という問いを持ちながら、本を読んでいます。そのうえで、「『結論・根拠・たとえば』の順番で話すと、わかりやすい説明になる」と本に書いてあったのであれば、その情報は「自分でたどり着いた答え」になります。

そこから、「じゃあ、『たとえば』を上手に作るためのポイントって何だろう？」と問いの連鎖が起こります。結果、「聞いた人が、〝あるある〟と感じる例を選ぶことを意識することだ」と、自分なりのアウトプットをします。これも「自分でたどり着いた答え」です。

この**「自分でたどり着いた答え」が「ひらめきの素材」になっていきます**。複雑なようですが、そんなことはありません。「どんな問いを持てばいいのか？」「何に対して、問いを持てばいいのか？」の2つから、勝手に問いが連鎖していきます。ここから、その具体的な方法や発想をご紹介していきます。

2 「違い」と「共通点」の問いを立てる

問いを立てるためのキーワードが「違い」と「共通点」です。

まずは、**うまくいっているものとうまくいっていないものを比較し、その違いを知ります**。一見同じように思えるのに、結果が異なる２つを比較するとわかりやすくなります。そこから、うまくいくためのエッセンスをあぶり出します。

たとえば、将来「部下に慕われるリーダー」になりたいとします。いまの会社には、Ａ部長とＢ部長がいます。２人とも、発言内容はほとんど同じです。ところが、Ａ部長は人望があり、Ｂ部長は部下に嫌われています。

こうした実例を見て「人望がある人とない人の違いは、何だろうか？」と問いを立て、自分の仮説を考えていきます。「A部長は言ってることと、やっていることが一致しているリーダーだ。それに比べて、B部長は言っていることは立派だけど、実際にやっていることは違う。言行一致が人望の鍵だ」といった具合です。そうして、自分が実際にやってみて検証します。

もう1つが、**うまくいっているものを複数分析して、共通点を浮き彫りにする**やり方です。これには、「同じ分野で対象を選ぶパターン」と「分野を超えて対象を選ぶパターン」があります。小説家を目指す人を例に、この2つを紹介します。

同じ分野を対象にする場合は、そのまま小説の成功例を選びます。直木賞や芥川賞の受賞作品、映像化された作品、海外のベストセラー小説、などが考えられます。10例ほどをピックアップして、共通点を探しましょう。

「それぞれに共通する要素があるとしたら、何だろう?」と自分に問いかけて、仮説を立てたうえで検証します。そうすることで、「読者が期待している方向と、真逆の行動を登場人物がしてしまう」「予定していた作戦が、計画倒れになる」といった要素が見えてきます。

分野を超えて対象を選ぶ場合は、まずは抽象度を高くします。たとえば「小説」というくくりではなく、「心を動かすストーリー作品」と考える。そうすると、対象は映画・ドラマ・童話・漫画・アニメ・落語などといった範囲に広がります。

この場合も、10例ほどを対象に、共通するパターンを分析します。「心を動かすストーリー作品」を対象に共通点を探したとして、「登場人物が誰かをかばったり、その人が幸せになってもらうために、やさしい嘘をつき通そうとする」といった要素が、共通点として見えてきたりします。

このように、**うまくいっているものの共通点を見出すことができれば、それが成功の要因かもしれません**。もちろんそれが本当かどうかはやってみなければわかりませんが、やみくもに考えるよりはよっぽど正解率が高いはずです。

ＭＢＡの講義ではケーススタディ（事例・実例）を大量に学び、それに対して議論する場も設けられています。「違い」と「共通点」に目をつけてＰＤＣＡサイクルを回すことは、地頭を鍛える効果的なアプローチなのです。

3

思考の「瞬発力」よりも、「持久力」を磨く

「頭のいい人」というと、頭の回転が速い人のことを指すイメージがあると思います。これは「思考の瞬発力」と言えます。頭の回転が速い人は、瞬時に物事を理解したり、難解な問題をパッと解いたりしてしまいます。

瞬発力には、持って生まれた要素も少なからず影響するようですが、ひらめきのスキルに必要なのは、ほかの意味での頭の力です。

みずから立てた「問い」には、用意された答えがありません。うんうん唸《うな》ってがんばってもうまくいかないことは、いくらでもあります。そうした場面で、多くの人は考えるのをやめたり、別の作業に移ったりします。その結果、自分の考えを形にする機会をみずから放棄します。

「自分でたどり着いた答え」を増やすためには、自分なりのアウトプットを具体的な形にするまで、どんなに時間がかかっても、あきらめずに考え抜く思考の粘り強さが必要です。

その経験を積み重ねることで、思考力は高まります。頭の回転の速さとは違う、「思考の持久力」です。これは誰でも鍛えられる種類のものです。

もちろん、一朝一夕《いっちょういっせき》に身につくものではありません。それなりに時間や思考の量が必要です。

そう考えると大変な努力が必要なようですが、**努力そのものが苦にならない分野があります。それは「興味のあること」「好きなこと」「没頭してしまう趣味」「うまくなりたいこと」**。これらは「がんばっている」という感覚もなく取り組めるものです。

この後、それぞれお話ししていきます。

4

「興味」の対象が、個性と才能を教えてくれる

前述した、自然と問いが深まる4分野について、まずは「興味のあること」です。興味とは、ふとした瞬間、目の前の事象について疑問に感じる感覚です。「どうして、こんな風になるんだろう」「この2つの違いって何だろう」。何気ないことでもなぜか気になることがあります。

たとえば、テレビでお笑い番組を見ていたとします。芸人が2人登場していて、1人はウケている。もう1人はスベっています。

- 「どうして、この人のトークはウケているんだろう？」
- 「同じ芸人なのに、ウケる・スベるの違いって、何だろう？」

誰に言われたわけでもないのに、知りたくなる。これが興味です。

興味の対象は、人によってまったく違います。料理なのか、建築なのか、機械なのか、心理なのか、美容なのか。本人にしかわかりません。

これが**学びに向かう最大の原動力**になります。無理にモチベーションを高める必要はありません。「知りたい」と思い、自然といろいろな情報を集めたり、分析したりします。他人から見ると不思議なくらいに体や頭が動いてしまう。そうして思考は深まり、答えを導き出します。

その過程では、「こんなこと調べたからって、何かの役に立つかな」と思えることがたくさんありますが、必ず役に立ちます。その活かし方は、第6章で触れていきます。

「自分でたどり着いた答え」の総和が、ひらめきを下支えします。その一つひとつは些細なことでも大丈夫。自分が興味を感じた分野がオリジナルの入口です。その先に、ほかの人が絶対に勝つことのできない、「個性」という宝が眠っているのです。

5

「好き」を追求すると、ひらめきにつながる

- 「好きこそ、ものの上手なれ」
- 「努力は天才に勝てない。天才は好きに勝てない」
- 「好きに勝るモチベーションはない」

こうした言葉がいくつもあるように、「好き」というパワーは最強です。

興味を感じる分野と同様に、好きだと感じるものは人それぞれです。そのほとんどは、直接的には仕事と関係ないものだと思います。それでも、「好きなこと」に触れる時間は、仕事にリターンをもたらす投資になります。

なぜなら、**「好きなこと」は研究材料にしやすい**からです。そこを起点にして、好奇心の赴《おもむ》くままに「問い」を増やし、「たどり着いた答え」を得ることができます。

たとえば映画好きな人であれば、こんな「問い」を無限に考えつくでしょう。

- 「続きが気になるシーンって、どんな作り方になってるんだろう」
- 「心に残るラストとお粗末なラストは、何が違うんだろう」
- 「魅力的なキャラクターには、どんな共通点があるだろう」

「好きなこと」が対象であれば、「たどり着いた答え」を得るプロセスが苦になりません。それどころか、時間を忘れて考えることができます。

そして、「好きなこと」はオリジナルに直結します。何が好きで、どんなことに惹かれるかは、人それぞれが持つ個性だからです。

何より、**「好きなこと」をしているときに感じる充実感や幸福感は、生きている実感を生みます**。主体的に、自発的に、パワフルに動けるようになります。自分が満たされていることで、人に何かしてあげたい、自分にも何かできるかも、世界のために何かをしたいという気持ちにもなるのです。

6 「趣味」にとことん没頭する

1日18時間のRPG。食事は10分で済ませ、風呂の中でもプレーする。明け方になって気絶するように布団に入って、2時間寝たら再開する。私がときどき過ごす日常です。その光景を見た妻には、「すごい集中力だね」と呆《あき》れられます。

多くの人は、こうした「没頭してしまう趣味」にかける時間を、仕事やビジネスに役立たない、と思っています。昔には「24時間、戦えますか!?」というCMが流行《はや》るほどに、仕事や職場に身を捧げるのが美徳だと考えられていた時代がありました。

趣味を楽しいだけの時間で終わらせてしまうか、成長にもつながる一石二鳥の機会にするのかは、ちょっとした意識で変わります。趣味の中でも「問い」を増やし、「たどり着いた答え」を得ていくことです。

先ほどのRPGで言えば、ただ遊んでいるだけではありません。

- 「初めてゲームに触れるユーザーに、どんなチュートリアル（操作説明）を用意しているだろう。説明っぽくならずに、面白く感じてもらう工夫は何だろう」
- 「単純作業のレベル上げをやりたくなるために、何が用意されてるだろう。それって、自分の仕事にも応用できないかな？」

こうした問いを、趣味の中で増やしていきます。

人それぞれの趣味があります。たとえば、ゴルフを趣味にしているエグゼクティブはたくさんいます。社交のためや楽しさもありますが、「勝敗を分ける決め手は何か」「ここ一番のメンタルをどう保つか」を、ゴルフから学ぶ人は少なくありません。

自分の稼いだ給与や報酬を趣味に投資することで、自分の仕事に活きるアイデアやヒントを得ることができ、それがまた仕事に反映されて、収入を得ていく。自分が満たされながら、ビジネススキルが高まっていく。まさに一石二鳥の時間なのです。

7 問いの上級バージョン「アクティブ分解」

問いを重ねるべき4分野の最後が、「うまくなりたいこと」です。「上達したい」という気持ちには、主体的で前向きなパワーがあります。そのパワーを活かした、上級バージョンの思考法をお伝えします。

「リバースエンジニアリング」という考え方があります。出来上がった製品を分解することで、その構造や仕組みを理解し、使われている技術を自分のものにしていく手法です。

簡単な例で言えば、メカ好きの少年がラジオを分解して、どんな風に組み立てられているかを学ぶことです。このとき、少年は遊びとして夢中に取り組んでいます。理科や科学の教科書を読んだり、先生の授業を受けたりするよりも、格段に楽しみながら成長しています。

リバースエンジニアリングは、ビジネススキルにも応用できます。**うまくなりたい分野でお手本を見つけ、分解することで身につけることができます**。その手法を「アクティブ分解」といいます。

ここでは、「アクティブ」という言葉を2つの意味で使っています。1つ目は、お手本にする対象を、主体的に自分で見つけるという意味。もう1つは、誰かに教えてもらう学びではなく、みずから分解して身につける能動的な学びという意味です。

たとえば、文章力を高めたいのであれば、まず自分のお手本になる文章を書いている人を見つけます。ベストセラーになったビジネス書、アクセスの多いブロガーやインフルエンサーの発信、ウェブ上の連載記事といったものです。

次のステップは分解です。読者として漫然と読むのではなく、作り手や発信者の視点と立場で分解していきます。

―
・「文章全体は、どんな構成になっているんだろう」
―

・「ほかの人とは、何が違うのか」
・「どういう工夫をしているのかな」

こうした「問い」を増やしながら分解し、「たどり着いた答え」を自分の技術にしていきます。それが正解か不正解かは重要ではありません。分解していくなかでの発見こそが、学びになるからです。

そして、**「アクティブ分解」を続けると、他分野や他業種からも学びを得ることができるようになります**。

パティシエを例に考えてみます。まずは有名なパティシエのスイーツや有名シェフの料理をお手本にしながら「アクティブ分解」し、自分の技術を高めていきます。もちろん、その中で自分のスタイルを形成していきます。

そして次のステージは、まったくの他業種からスイーツ作りの発想やヒントを得ていきます。たとえば、見る人をワクワクさせるような美しいケーキを考えたいのであれば、「美しいもの」という共通項を持つものとして、自然、建築、ファッション、街並み、舞台演劇などに対して、「問い」を持ちます。

- 「人は、どうして大自然に感動してしまうのか」
- 「この建築は、なぜ世界的に有名になったのか」
- 「人種や国籍を超えて、響く美しさとは何か」

「問い」の対象を広げることで、「たどり着いた答え」が無限に増えていきます。何を見ても、どんなことからでも「たどり着いた答え」を得ることができるのです。

こうなると、自分の中にあるインスピレーションのスイッチが、いつでもフル稼働する状態になります。ひらめきにおけるゾーンに入った状態です。いままでとは見える世界がまったく変わる驚きを、味わってみてください。

第4章
「顧客体験」で、ひらめきトレーニング

本章では、「お金の使い方」を通して「ひらめきの素材」を増やす方法を、お伝えしていきます。

ほどんどの人は、お金を受け取る回数よりも、お金を支払う回数のほうが圧倒的に多いはずです。

給与所得であれば、年12回の月給に、2度のボーナスといった人がほとんどです。一方で、お金を支払う回数はどうか。コンビニ、外食、日用品の購入、ネット通販、趣味、遊び、教育費、家賃……数百回以上はお金を払っています。

そして、よほど欲しいものを購入するとき以外、お金を払うときには、どちらかと言えばネガティブな感情を味わいます。通帳の残高を気にしたり、何かを我慢したり、時には、現状の収入に不満を感じるだけでなく、将来の不安を感じることもあります。

この数百回をネガティブなものとして片づけるのではなく、ひらめきのトレーニングに変える。その結果、仕事で独創的なアイデアや発想を生み出せるようになり、収入を増やせる自分になっていく。これが、ひらめきを生むお金の使い方です。

どんな仕事やビジネスをしていても、「お客様の立場を想像しなさい」「相手の立場に立って考えなさい」といわれます。自分がしてもらいたいことをすれば、ビジネスはうまくいくというわけです。

しかし、相手の立場になって考えることには限界があります。人間は体験していないことをどれだけ想像しても、体験した人と同じように感じることはできません。たとえば、男性から見た妊娠と出産。そのハードさ・偉大さを男性が本当の意味で理解することは不可能です。

逆に、自分が体験したことであれば、どのような気持ちや立場かを、リアルに想像できます。お金を支払うときに感じる感情や心理こそが、ビジネスにおける最高の仕入れとなります。

日常のお金の使い方で、10円、20円を節約するよりも、ポイントカードやマイルを貯めることよりも、「顧客体験」を意識することが大事です。顧客体験のすべての瞬間が、ひらめきトレーニングになります。その具体的な方法を、さらに解説していきましょう。

1 お客の立場で得る情報には、数千万円以上の価値がある

マーケティングに、「ペルソナ」という用語があります。

商品やサービスを買ってくれるユーザー像を想定し、あたかも実在するかのように、年齢・性別・年収・価値観・家族構成・ライフスタイルなどを細かく設定する手法です。それによって、ターゲットとなる顧客に対するアプローチや、商品開発を考えていくことができます。

誰もが知るような有名企業では、ペルソナを中心とした商品開発の仕事を、数千万円単位のお金を払って外部に依頼します。ペルソナを設定することには、それだけの価値があるのです。

しかし、私たちが日常生活の延長線上で得られる顧客体験には、大企業が数千万円

を投資する以上のポテンシャルがあります。なぜなら、**顧客体験をしているときに私たちが得られるデータは、会議室で議論するものではなく、生身の人間である自分が感じたもの**だからです。

お店に入ったとき、商品を目にしたとき、接客を受けたとき、商品を買うかどうか迷うとき、最終的に購入するとき、買わなかったとき、支払いをするとき、そのすべての瞬間にどんな感情が湧いているのか、どんな反応をしているのか、**自分で自分をモニタリングします**。すると、次のようなことが見えてきます。

- どこにビジネスチャンスが眠っているのか
- どうしたら、人の心を動かせるか
- 何をしたら、逆効果なのか

自分がお客の立場でいるときに得られるものが、大きなヒントになります。顧客体験をしながら提供者目線を高めることで、ビジネスセンスは磨かれていくのです。

2 「残念なサービス」との出会いが、最高の仕入れになる

経営者向けの勉強会の多くが、すばらしいサービスやうまくいっている会社の取り組みを紹介するものです。世界的なテーマパークの人材育成、高級ホテルや一流旅館の感動的な接客マニュアル、業界で話題になっている会社の具体的な取り組み……。そして、翌日には「さっそくうちの会社でも、今日からこれをやるぞ！」と張り切ってスタートします。

それはいいのですが、多くの場合、仕入れた取り組みをそっくりそのままスタートさせようとするので、うまく機能しないまま尻すぼみになります。そうして経営者がまた新しく勉強会に行くという、悪循環が生まれるのです。

現場の社員たちは「また社長が、どっか行って学んできたよ。やれやれ」と冷めた気持ちで眺めています。ただ、誰も文句を言えないので続きます。

厳しい言い方になりますが、その背景にあるのは**「すばらしいサービスやうまくいっている会社からしか学べない」という、発想の狭さ**です。

最高の仕入れ場所は、まったく違う所にも存在しています。「残念なサービス」に出会う場面。ここでしか得られないものがあるのです。

お金を払うときに、残念なサービスに出会うことがあります。全体的にパッとしないお店だった、店員さんの接客が好ましくなかった、マッサージが上手でなかった……。こうした残念なサービスに出会ったとき、多くの人は「お店選びに失敗した」と感じます。お金を払ったのに不満足な結果なので、「損」したと思うのです。

しかし、視点を変えれば顧客感情をモニタリングする絶好の機会になります。どんなことをされたら残念だと感じるのか、そうならないためにはどうしたらいいのか、そうなったときどうすればリカバリーできるのか。これらすべてをリアルに感じることができます。残念なサービスとの出会いは投資であり、最高の仕入れ場所になるのです。

3 白帯トレーニング「〝もったいない〟を探す」

顧客体験を有意義にするための「型」がいくつかあります。その方法を難易度別に「白帯」「茶帯」「黒帯」として、3つ紹介しましょう。

白帯トレーニングは「〝もったいない〟を探す」です。
お客の立場でいるときに、意識的に探してみるだけで〝もったいない〟はたくさん見つけることができます。

- 「味はおいしいのに、接客がイマイチでもったいない」
- 「いいお店なのに、入り口がわかりづらくてもったいない」
- 「このメニューをここに置けば視界に入るのに、もったいない」

―・「ショッピングサイトの注文手続きがわかりにくくて、もったいない」―

人間はみんな、批評家としては天才です。スポーツ観戦をしながら「あのボールには手を出すな」「なんで、そんな動きをするんだよ」と誰もが自然に口にします。自分が同じ立場になったときにできるかどうかは棚に上げながら、小さな「もったいない」（「不満」とも言えます）を、すぐに発見できてしまいます。

そして「もったいない」を見つける回数を重ねることで、自然と**「こうしたら、もっといいのに」という改善策をセットで思いつく**ようになっていきます。それが「ひらめきの素材」になります。

ポイントはゲーム感覚・遊び感覚を大切にすること。楽しく繰り返していくことで、瞬時に生み出せるようになるのです。

4 茶帯トレーニング「〝こうされたら、〇〇してしまうのに〟を作る」

次に、中級編のトレーニングに進化していきます。「〝こうされたら、〇〇してしまうのに〟を作る」です。

「お題を投げかける」「妄想する」「具体化・検証する」「メモする」の4ステップを、顧客体験中に行います。

①お題を投げかける

お題は、次のいずれかを投げかけると考えやすくなります。

- 「こうされたら、次回の予約もしてしまうのに」
- 「こうされたら、オプションの注文もしてしまうのに」

・「こうされたら、人に紹介してしまうのに」

美容室を例に考えてみます。

髪を切るために美容室に入店し、案内されるまで待ち、オーダーを伝え、シャンプーしてもらい、飲み物が運ばれてきて、カットされて、マッサージされて、ブローされて、仕上がりを鏡で確認して、お会計する。どのお店でも、大まかにこのような流れだと思います。

このときに「こうされたら、オプション（トリートメントやヘアケア商品）も注文してしまうのに」という投げかけを自分にしながら、サービスを受けます。

②妄想する

すると最初の段階はふわっとした妄想みたいなものが、いくつか浮かんできます。

・「髪質診断とか、カウンセリングされたらどうだろう」
・「ヘアケアについての豆知識が書いてある冊子があったら、おもしろいんじゃないか」

・「髪質が褒められたら、もっとケアしたいって思うんじゃないだろうか」

海に浮かぶクラゲのように思考をフワフワと漂わせていきます。そして浮かんできた妄想の中から、最も「こうされたら、してしまうのに」と感じるものを選びます。感覚的なチョイスで大丈夫です。ここでは「ヘアケアについての豆知識が書いてある冊子があったら、おもしろいんじゃないか」を選んだとします。

③「具体化・検証する」

その次は思考を深めて具体化する作業です。

・「じゃあ、その冊子にどんな内容が書いてあったら、ヘアケアについて自分から質問しちゃうかな?」

・「メニューと金額だけ書いてあっても、注文しないよな。何が記載されていたら、オプションメニューを思わず頼んじゃうだろう」

大事なポイントは具体的内容を考えることです。既存のサービスや業界がやっていない、突飛なことでも構いません。そのほうが独自のひらめきにつながります。

そうして思いついたことを「こういうことをされたら、どうだろう？」と自分に投げかけ、セルフチェックします。

すると、お客である自分がどんな行動や反応をするかを、リアルにイメージできます。「思わずしてしまう」と感じるのであれば、その発想はクオリティが高いと考えることができます。そうでなければ、実用的ではなかったということでボツに。あるいは「こうすればいいかも」といった工夫を、さらに考えることもできます。

④メモする

茶帯トレーニングで作ったアイデアは、自分の頭の中だけでできた１００パーセントの妄想です。まだ日の目を浴びていないけれど、大きな可能性を持つものです。これを後述する「ひらめきのメモ術」で一つひとつストックしていくことで、実際の現実に反映できるようになっていきます。

5 黒帯トレーニング「〝これって、うちの場合で言うと〟に置き換える」

いよいよ黒帯。「〝これって、うちの場合で言うと〟に置き換える」です。これをマスターすれば、ひらめきのスキルが一気に高まります。

やり方としては、ここまでの白帯トレーニングと茶帯トレーニングをそれぞれ発展させるケースと、「お見事なものと出会う」ケースがあります。

白帯トレーニングを発展させる

白帯トレーニングで着目した「もったいない」は、サービス提供者からは驚くほど見えていません。それと同じように、自分も提供者の立場のときには、100パーセントに近い確率で、何かしらの「もったいない」をやっています。

「もったいない」を見つけたときは、「人の振り見て、我が振り直す」チャンスです。

「これって、うちの場合で言うと、どんなことだろう」「これって、うちの場合で言うと、何に当たるのだろう」と置き換えていきます。

茶帯トレーニングを発展させる

先ほど、美容室でのオプションサービスを思わず注文してしまう内容を考えました。しかしほとんどの人は美容師でもありませんし、美容室を経営しているわけでもありません。そこで、自分で考えたひらめきに対して、もう一段思考を深めていきます。

- 「これって、自分の仕事で言うと、どんなことに似ているだろう」
- 「これって、うちで言うと、何に当たるだろう」

そうして発想を展開して、自分の仕事に置き換えます。

お見事なものと出会う

お見事なものとは、ちょっとした工夫や洗練されたサービス、高い結果が出るような取り組みなど、世の中にすでにある、誰かが考えた施策のことです。

ここで破ってはいけないルールがあります。お見事なものをそのままマネすること。これをタブーにします。うまくいっていることを丸ごと取り入れるのは、「『残念なサービス』との出会いが、最高の仕入れになる」の項で触れた経営者と、同じマインドです。

「これって、うちの場合で言うと、どんな風にアレンジできるだろう」というお題を与えながら置き換えます。どんなに小さな変化でもいいので、必ず自分なりのアレンジをしましょう。ただマネをするだけではなく、発展させる意識が重要です。


お見事なものは完成度が高いので、そのまま取り入れることができるように感じます。**いちばん危険なのは、そのやり方で成果が出てしまうこと**です。ある状況で通用したやり方が、どんな状況でもそのまま再現されることはほぼありません。しかし、たまたま結果が出てしまうことで、マネすることに違和感を抱かなくなります。

それによって、**自分オリジナルなものを生み出すメンタリティが一気に削がれます**。ひらめきを生むためにいちばん大切なものが欠けてしまうのです。

6

ひらめきトレーニングで、37・78倍の成長を作り出す

本章ではお金を払うすべての瞬間を、ひらめきトレーニングに変える方法をお伝えしてきました。用意された正解ではなく、「たどり着いた答え」を増やすトレーニングです。

どんな環境でも、活躍するのは答えを教えてもらう人ではありません。正解のない問題に対して、みずから答えや道を作り出し、誰もがやったことのないアイデアや考えによって、変革を生み出す人です。その力を日常生活の延長線上で、繰り返し何度も高めていくことができるのが、顧客体験を活かしたトレーニングになります。

人間は、**3週間続けたことが習慣として定着する**といわれています。顧客体験トレーニングは白帯・茶帯・黒帯と3段階あるので、最初の1週間は意識的に白帯ト

レーニング、次の1週間で茶帯トレーニング、その次に黒帯トレーニングと進めていきましょう。

すぐに成長を実感できないかもしれませんが、それも気にする必要はありません。成長を数値化する有名なたとえ話に、「1・01の法則」があります。1日に0・01パーセントでいいから成長を続けていく。すると1・01×1・01×1・01×1・01……となり、1年経つ頃には、37・78倍の成長になるという法則です。毎日の顧客体験は、まさにこの法則を実践するトレーニングです。

最初は、慣れるまで時間がかかる人もいるでしょう。逆に言えば、**慣れてしまえば誰にでもできること**です。誰にでもできることをバカにせずに、ひたむきにやってみる。人には見えない努力を積み重ね、大きな成果にたどり着いてください。

第5章
常識を疑う・ゼロからイチを作る

思いもよらない解決策や斬新なアイデアは、自由な発想から生まれます。とはいっても、どうすれば自由な発想ができるようになるのでしょうか。「頭を柔らかくする」と言うとクイズ番組や謎解きゲームがありますが、そこまで効果を期待できません。

ビジネスで結果を出すための自由な発想には、2つの力が必要です。

1つは、「これまでの常識を疑う力」。
もう1つは、「ゼロからイチを作る創造力」です。

あなたにこの2つが備わっていれば、どの業界、どの分野、どの職種でも活躍できます。自由な発想のための力を鍛えながら、「ひらめきの素材」を増やしていく。本章では、そのための思考のフレームワークをお伝えしていきます。

「常識を疑う」には、何を観察し、どのように疑問を抱けばいいのかの型があります。

「ゼロからイチを作る」には、そのスイッチとなるワードを自分に投げかける必要があります。

これらは「問い」を立て、「自分でたどり着いた答え」を増やしていくプロセスでもあります。そうしていくなかで、世の中にはないオリジナルな視点や考え方があなたの中に蓄えられていきます。

それはそのまま、あなたの希少価値につながっていきます。次章で学ぶ、「ひらめきのメモ術」と組み合わされることで、さらに真価を発揮していきます。

カードゲームやスマホゲームでは、特殊能力を持った「☆5キャラ」「レアキャラ」が存在します。なかなかゲットできずに、みんな欲しがっています。同じように、あなたしか持ち得ないスキルを持つことで、重宝されるようになるのです。

ひらめきのスキルを身につけ、「オリジナルな存在になること」を目指していく。

誰にでもできる方法で、一歩一歩近づいていきましょう。

1 最強のマジックワード「だからこそ」

ビジネスでもプライベートでも、私たちの目の前には、いつも何かしらの「制約」があります。「予算がない」「時間がない」「人がいない」。周りから見たら何不自由なく活動している人であっても、そう感じることはあります。

しかし、制約は必ずしも悪いことではありません。**制約があることで、潜在能力やクリエイティブな力にスイッチが入ります**。

たとえば、真っ白な紙を渡されて「自由に何かを書いてください」と言われても、多くの人は困ってしまいます。しかし、ピンク・黄・緑のクレヨンを渡されて、「この3色を使って『春』を表現してください」と言われたら、イメージが湧くのではないでしょうか。制約が加わっているにもかかわらず、自由度が上がっているのです。

「制約は創造の母」です。シリコンバレーを代表するような世界的企業も、最初は小

お買い求めいただいた本のタイトル

■お買い求めいただいた書店名

(　　　　　　　　　　)市区町村 (　　　　　　　　　　)書店

■この本を最初に何でお知りになりましたか

□ 書店で実物を見て　□ 雑誌で見て(雑誌名　　　　　　　　　　)
□ 新聞で見て(　　　　　　新聞)　□ 家族や友人にすすめられて
総合法令出版の(□ HP、□ Facebook、□ twitter)を見て
□ その他(　　　　　　　　　　)

■お買い求めいただいた動機は何ですか(複数回答も可)

□ この著者の作品が好きだから　□ 興味のあるテーマだったから
□ タイトルに惹かれて　□ 表紙に惹かれて　□ 帯の文章に惹かれて
□ その他(　　　　　　　　　　)

■この本について感想をお聞かせください

(表紙・本文デザイン、タイトル、価格、内容など)

(掲載される場合のペンネーム：　　　　　　　　　　)

■最近、お読みになった本で面白かったものは何ですか?

■最近気になっているテーマ・著者、ご意見があればお書きください

ご協力ありがとうございました。いただいたご感想を匿名で広告等に掲載させていただくことがございます。匿名での使用も希望されない場合はチェックをお願いします☐
いただいた情報を、上記の小社の目的以外に使用することはありません。

郵便はがき

料金受取人払郵便

日本橋局
承認

2507

差出有効期間
2022年4月
30日まで

切手をお貼りになる
必要はございません。

103-8790

953

中央区日本橋小伝馬町15-18
ユニゾ小伝馬町ビル9階
総合法令出版株式会社 行

本書のご購入、ご愛読ありがとうございました。
今後の出版企画の参考とさせていただきますので、
ぜひご意見をお聞かせください。

フリガナ お名前	性別 男・女	年齢 歳
ご住所 〒 TEL ( )		
ご職業 1.学生 2.会社員・公務員 3.会社・団体役員 4.教員 5.自営業 6.主婦 7.無職 8.その他( )		

メールアドレスを記載下さった方から、毎月5名様に書籍1冊プレゼント!

新刊やイベントの情報などをお知らせする場合に使用させていただきます。

※書籍プレゼントご希望の方は、下記にメールアドレスと希望ジャンルをご記入ください。書籍へのご応募は1度限り、発送にはお時間をいただく場合がございます。結果は発送をもってかえさせていただきます。

希望ジャンル：☐ 自己啓発 ☐ ビジネス ☐ スピリチュアル ☐ 実用

E-MAILアドレス ※携帯電話のメールアドレスには対応しておりません。

さなガレージからスタートしました。制約があるなかで、世界を変えるイノベーションは産声を上げています。

制約やピンチをチャンスに変えるマジックワードが「だからこそ」です。

ある年、リンゴ園を大きな台風が直撃しました。手塩にかけて育てたリンゴの多くは樹から落ちてしまい、残っていたリンゴにも傷がついてしまいました。通常であれば、傷がついた商品を買ってもらうことはできません。この状況に陥ったリンゴ農家は、ここで「だからこそ」と考えました。

「台風で傷がついたリンゴだからこそ、販売できないだろうか」

一見、無茶苦茶な理屈に聞こえますが、それは先入観に過ぎない可能性があります。

結論として、このリンゴには注文が殺到します。台風が来ても落ちなかったリンゴ。「落ちない」縁起物として全国の受験生を持つ家庭から注文が来たのです。

人の脳は質問を与えられると答えを導き出してくれます。「だからこそ」を使い、先入観の壁を壊していきましょう。その先に未知の世界が待っています。

2

問題解決のヒントを見つけ出す「何かないかなメガネ」

ひらめきを作れる人は「ひらめきの素材」を集める力に長けています。365日24時間、目にするものすべてから集めています。普通の人が気づかないことに、いつも目を光らせているからです。

しかし、これは能力ではありません。頭の使い方を知っているかどうかの違いです。このことを体感するために、ちょっとしたワークを用意しました。

まず、次の図をご覧ください。

カタカナが無作為に並べてあるだけです。特に意味があるようには見えないと思います。しかし、あるキーワードを加えることでまったく違ったものが見えてきます。

オジンレナンカメロン
ナイパッナプルアモア
タンライバムメレイリ
パマエドメリブドウド
ンリビミカンスランダ
ダンラオワゴチイジウ
ナ　イキ　レリニカル
カヌシペモモヴラトサ
ヤイパパスンラフラゼ

そのキーワードとは**「フルーツ」**です。

もう一度、図をご覧ください。この図の中には、フルーツの名前が隠れています。先ほどまでは見えなかったものが、浮かび上がってくるのではないでしょうか。タテヨコにナナメも加えると、さらに見えてくるはずです。

ちなみに、正解は次のページの12個です。

ここで**大事なことは、目に入ってこなかったフルーツの名前が、キーワードを与えられることで見えてくるという事実**です。これが「視点を持つ」ということです。

実は、このカタカナの羅列には、別の視点もあります。**「国の名前」**です。

もう一度、初めの図を見てもらうと、国の名前も同じく、12個入っています。オランダ・チリ・インド・タイ・ドイツ・イラン・スペイン・カナダ・マリ・ブラジル・アメリカ・フランス。さらにお伝えすると、また別の視点もあります。**「生き物」**です。これもまた、12種類の生き物がいます。パンダ・イヌ・エビ・カメ・アリ・ゴリラ・サル・カニ・トラ・リス・ブリ・イカ。

同じものを見ていても、視点の持ち方で、私たちが得る情報は変わります。ある視

オ	ジ	ン	レ	ナ	ン	カ	メ	ロ	ン
ナ	イ	パ	ッ	ナ	プ	ル	ア	モ	ア
タ	ン	ラ	イ	バ	ム	メ	レ	イ	リ
パ	マ	エ	ド	メ	リ	ブ	ド	ウ	ド
ン	リ	ビ	ミ	カ	ン	ス	ラ	ン	ダ
ダ	ン	ラ	オ	ワ	ゴ	チ	イ	ジ	ウ
ナ		イ	キ		レ	リ	ニ	カ	ル
カ	ヌ	シ	ペ	モ	モ	ヴ	ラ	ト	サ
ヤ	イ	パ	パ	ス	ン	ラ	フ	ラ	ゼ

点を持っているときには、別の視点の情報は入ってきません。フルーツの視点で見るときには、国や生き物は見えなかったでしょうし、その逆も然りです。

この例であれば、フルーツ、国、生き物の名前を見落とすだけで済みました。しかし、これがビジネスや仕事における有益な情報だったら、どうでしょうか。何も見つけられない人と、ふんだんに見つけられる人。その違いは時間が経つほど、顕著《けんちょ》に現れます。

私たちがひらめきを作り出したり、さまざまな問題解決をしたりするためのヒントや答えは、日常の中にあふれています。そのヒントや答えを得るためには、頭の使い方を通常とは違うモードに切り替えなくてはいけません。**「こういうことを解決したい」「こんな条件をクリアしたい」「これを実現したい」という設定がない限り、自然に思い浮かぶことはありません。**

そのための方法が、「何かないかなメガネ」と「似たもの探し」です。

最初のステップは、解決したい課題や実現したいテーマを設定すること。次に、課題解決やテーマ実現に役立つ情報やヒントが、「何かないかな」と自分に問いかけます。これが「何かないかなメガネ」です。

　このメガネをかけた状態で日常を過ごすと、同じものを見ても、見え方が変わってきます。自分が解決したい課題やテーマと構造や理屈が似ているものなどが、目に飛び込んできやすくなるのです。


　ガスタンクを解体する仕事を請け負う、ある会社の話です。巨大な球体のガスタンクを解体するには、多大な費用と作業工程が必要でした。より費用や工程を抑え、安全に解体する方法が「何かないかな」と、開発担当者は考え続けていました。

　ヒントになったのが、りんごの皮むきです。ガスタンクとはサイズが大きく異なりますが、球体のものを解体するという点で「似ている」のではないか、と仮説を立てました。そこから実際の機械と解体方法が発明された、というエピソードです。

　「何かないかな」メガネをかけて、「似たもの探し」をする。そうすることで、思いもよらぬ所から、問題解決をするヒントや答えが見つかるのです。

3 「ちょい足しレシピ」をやってみる

世界的なベストセラーに『アイデアのつくり方』（ジェームス・W・ヤング著／日本語版：今井茂雄訳・竹内均解説、CCCメディアハウス）という本があります。読んだことがある人、タイトルを聞いたことがある人もいるかもしれません。

その本の中では「新しいアイデアは、既知のものを組み合わせることによって出来る」と説かれています。

既知のものを組み合わせる力を楽しみながら身につける方法が、「ちょい足しレシピをやってみる」です。目の前の食材同士を組み合わせて食べてみたり、普通は使われない調味料をかけてみたりします。

私たちの周りには、「ちょい足しレシピ」から生まれたとも言えるメニューがたくさんあります。あんパンやいちご大福、明太子入りだし巻き卵、カツカレー、納豆スパ……。人によってはギョッとするような組み合わせから、すでに定番になっているものまで、無数に存在しています。

こうしたことを自分なりに考えるのは、『アイデアのつくり方』で言われている「出会ったことないもの同士をかけ合わせる」「未知の出会いから、新しいものが生まれる」を集約しています。

私は冷奴にいろいろなタレやソースをかけてみることがあります。ふりかけをかけてみたところ、ザクザク感がここちよく新しい発見でした。特別な準備やお金も必要なく、1日3食あれば、年間で1000回以上のひらめきスキルを高めることのできるトレーニング方法です。

ここでも、**ポイントは遊び心**です。「これ、やっちゃったら、どうなるんだろう」「これって、イケるんじゃない？」というドキドキやワクワクです。回数を重ねることで、「やってみるまではどうかなと思っていたけれど、意外とうまいじゃん！」といった感覚が、自然と体に染みついていくのです。

これはひらめきに必須の感覚で、自由さやクリエイティビティ、枠にとらわれない発想をどんどん生み出せるようになっていきます。

そして**何より貴重なのが、失敗を楽しめる経験**です。ちょい足しレシピを実際にやっていくと、「めっちゃ、うまい！」というときもあれば、「笑えるぐらいに、まずい」という場合もあります。

失敗を楽しめる人は、何をやっても最強です。チャレンジを恐れることなく、実験として楽しんでしまう。失うものは何もありません。リスクなく回数を重ねるなかで、この精神を身につけることができるのです。

4 「脱・フォーマット思考」で、世の中を観察する

世の中にインパクトを与えるプロダクトやサービス、画期的な制度や取り組みは、既存の常識を覆すようなものばかりです。起業家や経営者は、どうやったらイノベーションが起こせるかを日夜考え続けています。

イノベーションを起こすために必須なのが、常識を疑うことです。しかし、その重要性はわかっていても、具体的な方法を知っている人は少数です。

「常識」という言葉には、複数の意味が込められています。

1つは社会通念上の常識。これは倫理的・道徳的な社会ルールに当たるものです。

もう1つは、業界や一般社会で慣習となっているものです。人々の中で当たり前になっていて、それに対する疑問を抱かなくなっています。仮に、不満があったとして

も「こんなもんだろ」と放置されています。イノベーションを起こすために疑う常識は、こちらを指します。

疑うべき常識のやっかいな点は、日常に溶け込んでしまっていることです。あまりにも自然なこと、当たり前なことなので、どうやって見つけたらいいのかがわかりません。

それを解決してくれるのが、「脱・フォーマット思考」です。

フォーマットと言うと、文書の書き方や書類の形式、パワーポイントのレイアウトのことなどをイメージすると思いますが、ここでお伝えしたいのは、もっと広い意味です。私たちの生活や仕事の中で、そのかたち（形状・形式・様式）が当たり前になっているものすべてを指します。

たとえば美容室であれば、予約方法、メニューの種類、メニューの名称、サービスの流れ、接客の声かけといったソフト面や、店内のレイアウト、置いてある雑誌、スタッフの服装などのハード面です。

これらは、どこに行ってもだいたい同じかたちになっているものばかりです。フォーマットを疑わずに取り入れているため、独自化も差別化も生まれません。ほとんどのフォーマットは疑うべき常識であり、宝の山です。フォーマットを見つけ、そこから脱却していくことで、常識を覆すイノベーションを生み出すことができます。

「脱・フォーマット思考」は、3つのステップを踏んでいきます。

ステップ1：自分の身近にあるフォーマットに気づく

フォーマットは、最初に見つけるまではどこにあるのか探すのに時間がかかりますが、一度見つけることができるようになると、面白いように見つかります。美容室の例を参考にしながら、自分の仕事に置き換えて探してみましょう。

ステップ2：そのフォーマットが、最適解か検証する

次のステップは、見つけたフォーマットの検証です。このフォーマットが疑うべき常識です。フォーマットが最適解（最も効果があったり、望ましい結果を生んでいたりするかたち）になっているかを検証していきます。

この時点では、最適解かどうかを検証するだけで十分です。不便なこと、不満なこと、「こんなもんだよな」と片づけている場合には、ほぼ100パーセント最適解ではありません。

ステップ3：最適解を〝自分なりに〟考えてみる

自由な妄想でいいので〝自分なりに〟新しい最適解を考えてみます。正解・不正解はありません。いままで使われてきたフォーマットとは異なるかたちを、自分の中で生み出してみます。

必要なのは、持って生まれた頭のよさや思考のセンスではありません。先述した「思考の持久力」です。回数さえ重ねれば、誰でも上達します。どんな内容でもいいので、自分の頭の中で形にしてみましょう。

この3つのステップを踏んだ「脱・フォーマット思考」で自分の職場を観察することで、改善点を見出すことができます。また、世の中にあるフォーマットを観察することで、イノベーションのヒントをたくさん発見することもできるのです。

5 「パブロフ言葉」と「エジソン言葉」の違いを知る

フォーマットは言葉の使い方に注目することで、発見しやすくなります。

あらゆる仕事において、効果は高くないのに惰性で使われている声かけなどがあります。サービスを提供する側にとってもサービスを受ける側にとっても当たり前になっていて、何の疑問を抱かれることもなく、使われ続けています。具体的な例を挙げながら、説明していきましょう。

ホテルにチェックインすると、客室係の人が部屋まで案内をしてくれます。ひと通りの説明を聞いた後に、必ず言われるセリフがあります。

「何か、ご不明な点はありませんか？」

ほとんどの人は「いいえ、何もありません。大丈夫です」という返答をするでしょう。このことに疑問を感じる人は少ないと思います。しかし、厳しい言い方ですが、それこそが思考停止している状態です。

サービスのクオリティが高いことで有名なザ・リッツ・カールトンホテルでは、このセリフが使われることはまずありません。

部屋に案内されて、ひと通りの説明が終わると、客室係の人はこう言います。

「○○様、ほかに私たちがお手伝いできることはありますか？」

先ほどのセリフと、随分印象が違うのがわかると思います。

先に挙げたセリフのように、効果は高くないけれど、その業界やサービスでは当たり前に使われ続けている言葉を「パブロフ言葉」といいます。条件反射の研究で行われた「パブロフの犬の実験」が由来になっています。

美容室での「おかゆい所はありませんか？」や、アパレル店の「よかったら、御試着してくださいね」というセリフが「パブロフ言葉」です。全国にあるどのお店もが、効果が高いわけでもないのに、まったく同じ言葉を使い続けています。**惰性で使っているいることにすら気づいていません**。その結果、一向に改善が起きないのです。

この反対が、「エジソン言葉」です。みずから作り出した、効果の高い言葉のことをいいます。

大事なことは、「パブロフ言葉」に気づき、「エジソン言葉」を増やしていこうとする思考にあります。例に挙げたザ・リッツ・カールトンホテルでは、客室に案内したときのひと言以外にもサービスや工夫がされているでしょう。

自分の業界で使われている「パブロフ言葉」に気づき、撲滅していきましょう。そして、「エジソン言葉」を作り出す。それが常識を超える「新・常識」を作るトレーニングになるのです。

6 言葉で人がどう反応するかを、細かく観察する

「バカ」と言われれば、誰でも怒ります。これはみんな知っていることです。**人がどんな言葉にどう反応するのかは、ある程度予測できます**。相手を怒らせたくない、相手を喜ばせたい。そのために言葉を選ぶというのは、誰もが当たり前に行っていることです。

しかし、ビジネスの場面でフォーマットになっている名称や表現、言葉の選び方に対して、私たちは鈍感になっています。

たとえば、「アンケート」についてです。アンケート用紙には「アンケートに」「答えてください」「お願いします」といった言葉が書かれています。アンケート用紙を渡す際には、口答でも同じことを伝えるでしょう。

これらの言葉を見聞きしたとき、多くの場合、人はこのように感じます。

・「わざわざ、自分が書いてあげる」
・「めんどうくさそう」
・「相手がお願いしたことを、こちらが聞いてあげている」

しかし、ほとんどの人は、お客様がそんな心理になっていることに、何の疑問も抱きません。お客様もそれを当たり前だと思っています。お客様のこうした反応や感情は、アンケートを取る側が望むものでしょうか。

決してそうではありません。つまり、**ほとんどの人が自分が選んだ言葉で、望ましくない状況を作っているのです**。これは相手にわざわざ「バカ」と言っているのと同じです。こと、ビジネスにおいては、こうしたケースがあらゆる業界・職業・サービスにあふれています。

では、どうしたらいいのでしょうか？

その答えは、**相手の反応がより望ましくなるように予想しながら、言葉を考えていくこと**です。

アンケートで、お客様に自社や商品のフィードバックをもらいたいとします。先ほど述べたように、多くの場合は「アンケートに」「答えてください」「お願いします」と伝えます。記入するシート自体の名称も「アンケートシート」でしょう。設問は「満足度の5段階」「ご不満な点をお聞かせください」「その他（自由記入）」といったものが多いと思います。

これを相手の反応を予想する前提に立ち、自分たちを応援する気持ちになってほしいという視点で考えてみます。お店の場合だと、こんな感じになります。

- アンケートシートの名称
『このお店の、ここがもったいない』フィードバックシート」
- 用紙の冒頭に書いてある文章や、口頭で伝えるときの言い回し
「いつもご利用いただいているみなさんだからこそ、見つけられるポイントをお聞かせください」

・設問の例

「せっかくいいサービスなのに、〝ここがもったいない〟と感じたことは？」

簡単な例ですが、受け取る立場の気持ちや反応が違うことがわかると思います。不快感を抱かせることなく、好意的に「こうされたら、うれしいのに」をお店に伝えよう、という気持ちになってもらうことができます。

相手の反応から逆算した言葉を選ぶためには、「言葉で人がどう反応するかを、細かく観察する」ことが大事です。ここで言う「人」には、自分も含まれます。「顧客体験」のときに自分をモニタリングする方法を、すでにお伝えしました。意識的に日常を過ごすことで、その感度が高まっていくのです。

7 「手持ち無沙汰《ぶさた》なシチュエーション」に、黄金が埋まっている

人間は待たされることに対して、本能的にストレスを感じます。車を運転する人であれば渋滞。あるいはＡＴＭの順番待ち、役所で番号札を取ってから呼び出しを受けるまでの間、スーパーのレジで行列に並ぶ……挙げていくとキリがありません。日常のなかに、待たされる時間は無数に存在しています。

このとき、私たちは「手持ち無沙汰だな」と感じています。ヒマというのとも、ちょっと違います。ヒマは単にやることがないときに感じる感情で、手持ち無沙汰とは、待たされているシチュエーションとセットで感じる感情です。

手持ち無沙汰なシチュエーションでは、誰もが何の疑問を抱くことなく我慢しています。そこに、黄金が埋まっているのです。

サービスを提供する人たちの多くは、お客様を手持ち無沙汰にすることに何の疑問

も抱いていません。よくても、「待ち時間を減らすためにオペレーションを見直す」といったことしか思いつきません。

もちろんそれも大事なのですが、手持ち無沙汰なシチュエーションを活用することで、自分のお店や会社のことを好きになってもらったり、サービスに対する満足度を上げたりすることができます。

たとえば、九州発祥のラーメンチェーン店、「一蘭」がわかりやすい取り組みをしています。

「一蘭」は「味集中カウンター」といって、１人ずつ個別に区切られた座席が有名です。そこでは視線の先に、ある文章が目に入るように書いてあります。

秘伝のたれ、スープ、自家製麺がどのように作られているか、天然とんこつラーメン店としてのこだわり、おいしい食べ方、一蘭が元祖として始めた取り組みなどといった内容です。お客様はそれを読むことで、ラーメンの期待度が上がります。注文してからラーメンが届くまでの手持ち無沙汰なシチュエーションを、味わいが増すための時間に変えているのです。

普段の生活の中で、「手持ち無沙汰だな」と感じるときがチャンスです。待つ間にネットサーフィンしたり、メールチェックしたりするのではなく、手持ち無沙汰な状態から、**どんなことをされたら、お店や会社のことをもっと好きになったり、サービスの満足度が高まったり、商品を買ってしまったりするのかを考えてみましょう。**

こうした視点を持つと、世界の見え方が変わります。いままで、「こんなものか」と感じていたサービスや接遇や接客やシステムが穴だらけで、どのお店もチャンスを逃していると感じるようになります。

そうしていくことで、どんな風にしたら人の心が動くかを、常日頃から考える習性がつきます。すると、「こういうことをしてみたらいいんじゃないかな」というひらめきが、日常的に生まれるようになっていくのです。

8 未体験のお誘い・おすすめにお金を使ってみる

自分の常識をとっぱらい、小さな世界に留まることなく、視野や世界を広げる。そのための方法として、わかりやすく、確実な効果を期待できるのが、「普段は使っていないことにお金を使う」です。

誰かが運んできてくれた情報や出会いで、自分の世界が広がる。誰もがそんな経験をしたことがあると思います。学生時代に誘われて始めた部活やサークル、付き合っているパートナーや結婚相手に合わせて始めた趣味、聞くようになった音楽。**人生の大きな転機や大事なものは、未体験な領域にあることが少なくありません。**

つまり、それまでお金や時間を使ってこなかったことです。それらは、人を介して運ばれてきます。その中に、人生を変えてくれる運命的な出会いが潜んでいます。

経験のないことをすすめられたり、知らないことに誘われたりしたとき、**金額が低**

いものに関しては、迷わず飛び込んでみましょう。好奇心を高めるという観点からも、ひらめきにつながります。人からだけでなく、アマゾンなどでおすすめ表示された商品を買ってみるのもいいでしょう。自分と趣味嗜好が似ている人のデータがもとになった、間接的なおすすめです。

金額が高くなると、躊躇することもあると思います。
ある日、友人から「ホノルルマラソンに挑戦しよう」と誘われた。ちょっとやってみようかなと思うけれど、ホノルルまで行ってマラソンするには50万円はかかる。
こうしたときに、飛び込んでみるかどうかは心の声に聞いてみます。

- 直感的に、これをやったほうがいいと感じるとき
- ちょっと、場違いな感じがするとき
- 不思議なご縁や偶然が重なっていると感じるとき

これは心が「GO」と言っている状態です。実際にやってみると、単なる食わず嫌

いだったり、思っていた以上に相性がよかったりします。
逆にやらなくてもいいのは、心が「NO」と言っているときです。

- やることではなく、断ることがめんどうくさい、おっくうだと感じているとき
- 単純に「嫌だ」と感じるとき
- あらかじめ「それはやらない」と決めていることだったとき

こうしたときは、断って構いません。

あるいは、すでにお金を使っている分野だけれど、金額が高いから躊躇する、という場合もあります。たとえば食べ歩きが好きで、いつもは5千円前後の予算でディナーのお店を選んでいる人がいたとします。その人が友人から1回3万円のランチコースに行こうと誘われる。

このときは、飛び込んでみてください。自分一人では開けられない扉を開くチャン

スです。

もちろん、生活費が足りなくなるくらいの金額であればやめておきましょう。不可能ではないけれど、ドキドキしたり、ちょっと怖い感じがしたりする。そうしたときは、清水の舞台から飛び降りるつもりで冒険してみることをおすすめします。

そうやってお金を払うことが必ずしもいい結果になるかはわかりません。5回のうち、1、2回は失敗するかもしれません。けれども、その失敗を補って余りあるほどに、新しい世界が広がる経験は価値のあるものなのです。

私自身は、新しいものを否定的に捉えがちな性格です。しかし、そう感じるときほど意識的に飛びこむようにしています。結果として、「出会ってよかった」「これを知らずに人生を終えていたら、大損だった」「もっと早く出会いたかった」。そう感じることばかりです。いくつになっても、新しいものに飛び込んでみる。その気持ちを忘れないでください。

第6章
「思考のデータベース」を作るメモ術

ここまで、「ひらめきの素材」を集める方法をお伝えしてきました。それらを材料に「思考のデータベース」を構築することで、ひらめきを作り出せるようになります。その具体的な方法が、本章でご紹介する「ひらめきのメモ術」です。

ではどんなことをメモするのか。基準は、次の2つです。

①「A4マトリクス・ノート」の4分類
②自分でたどり着いた答え

これまでの章を振り返ると、「A4マトリクス・ノート」で触れた4分類は「実行すること」「思いついたこと」「衝撃を受けたこと」「その他、重要だと思ったこと」です。第1章では読書で得た情報、第2章ではうまくいっている人やモノからの学びを扱ってきました。

「自分でたどり着いた答え」は第3章・第4章・第5章の内容です。自分で問いを立て、自分の頭で考えたアウトプットです。

これらをただ集めてもひらめきは作り出せません。適切に整理し、組み合わせ、深掘りすることで、「思考のデータベース」を構築することができます。「A4マトリクス・ノート」の4分類はすでにノートに書き込んでいるものですが、いったん分類されていることで整理しやすくなります。情報に「タグ」をつけることで取り出しやすくなるイメージです。

必要なのは、自分の頭とスマホ（あるいはパソコンやガラケー）1台だけ。誰にでもできる方法です。ポイントは、ひらめきが生まれた瞬間に、それがどこであっても、何をしていても、メモを取ることです。

「思考のデータベース」に入っているのは、単なる知識や情報だけではありません。自分の経験や個性、特質や感情もひもづいています。人生で得たすべてが、ひらめきに結びついていくのです。

一度覚えたら、一生使える「ひらめきのメモ術」。これからその全容に触れていきましょう。

1 小学生の頃から変わらないノートの取り方を、卒業する

幼稚園や保育園ではノートは使いません。クレヨンで画用紙に何を描いてもいいいし、点数をつけられることもありません。

これが小学校に入学すると、鉛筆とノートを使うようになります。勉強する内容を記憶することが求められ、その確認のためにテストが行われます。こうした**子どもの頃に私たちが身につける「ノートの取り方」が、後々問題になってくるのです。**

学校でのノートの取り方には、大原則があります。「板書や教科書の内容を書き写す」ことです。教科書に書いてないこと、板書されてないことは落書き扱いされます。

ノートは1ページ目から順番に使います。ページごとの使い方は、上の行から順番に、ほとんどの人は左揃えで箇条書き的に記入していきます。そして、褒められる

ノートの取り方は「たくさん書いた」です。真っ白なノートよりも、真っ黒なノートが評価されていきます。

ノートだけでなく教材もそのようになっています。たとえば、漢字ドリルは同じ文字を10回、20回書く構成です。宿題の多くは、身につくかどうかよりもたくさん書くことに重点が置かれています。穴を埋めなければ、どんなに内容を理解していても、宿題をやっていないと評価されるのです。

冷静に考えてみると、これほど非効率な学習方法はありません。これが、私たちが最初に覚えるノートの取り方（＝メモ）です。私たちの多くは、このときに覚えたノートの取り方を何の疑問も抱くことなく、一生続けます。

メモの取り方を変えるだけで、勉強も仕事も成果が変わります。その全体像を理解するために、「なぜ、書くか（ＷＨＹ）」「どこに、書くか（ＷＨＥＲＥ）」「どう、書くか（ＨＯＷ）」「いつ、書くか（ＷＨＥＮ）」で考えていきましょう。

2 なぜ、書くか（WHY）

メモの目的が違えば、メモの方法も変わります。「ひらめきのメモ術」における、メモの目的（WHY）に触れておきます。

ひらめきのメモ術では、集めた「ひらめきの素材」を、「思考のデータベース」にすることが目的です。**メモに書く情報を、情報単体として扱ってはいけません。情報同士を結びつけることに重点を置きます**。

これは、私たちの脳のつくりと関係があります。脳の中で信号を伝える神経細胞は、細胞と細胞がつながることで複雑な回路を作っています。その結び目は「シナプス」と呼ばれ、経験や刺激によって柔軟に作り変えられる性質を持っています。メモ術を通じて、意図的に情報を結びつけることで、頭の中のシナプスを発達させていくのです。

幼稚園の頃に、ブロック遊びをしたことがあるでしょう。形や色、大きさの違うブロックを組み合わせて、新しいものを作る。ひらめきの本質は、ブロック遊びと同じです。頭の中にある、さまざまな情報を組み合わせることで、新しいアイデアや方法を作り出していきます。

そのためには、**まずしっかりと整理することが必要**です。どんなにいい情報（ひらめきの素材）でも、乱雑に増えていくのでは意味がありません。

ブロック遊びをするときに、１つのカゴに形・色・大きさの違うブロックが乱雑に詰め込まれている。その数が多いほど、何が入っているか把握できなくなります。使いたいブロックを見つけるのに時間もかかりますし、見つからないこともあるでしょう。

これと同じことが、多くの人の頭の中で起きています。膨大な情報が散らかり、頭の中が整理できていません。こうした問題を解決してくれるのが、「ひらめきのメモ術」なのです。

3 どこに、書くか(WHERE)

「ひらめきのメモ術」では、デジタルメモを使います。ここでは、スマホでのやり方を紹介しますが、パソコンやガラケーでも大丈夫です。

標準で入っているメモアプリを使います。なければ、メールの下書き機能で代用できます。ノートや手帳にメモすることにこだわりたい人であっても、大枠は問題ありません。自分なりにアレンジしてみてください。

ここからは、実際にやりながら読み進めていきましょう。

メモ術の鉄則は、最初に箱を作ること。片づけと同じで、まず場所を決めて、収納していきます。1つのメモ（シート）に対して、1テーマを原則として名前（タイトル）をつけます。

箱を作る目的は2つです。1つは、**ジャンルの明確化**。1メモ1テーマのタイトル決めをすることで、自分がひらめきを活かす分野がはっきりします。
もう1つは、**情報の仕分け**です。箱に分類されることで、情報がどのテーマに結びつくかをフィルタリングできるようになります。

自分の興味のあるテーマを書き出してみましょう。大きく分けると、「仕事関連」「興味のある分野」「プライベート」に分類されると思います。目安として、仕事関連で2つ、興味のある分野で2つ、プライベートで2つ、計6つ。それ以上に書けるのであれば、書けるだけ書き出しましょう。後から思いついたものを追加しても大丈夫です。

1メモ1テーマのルールに沿って、追加していきます。次ページにあるのは、私が実際にしているメモです。

「タイトル」は、「20字1行」以内でまとめていきます。これはこの後で説明する「エッセンス」や「詳細」も同じです。

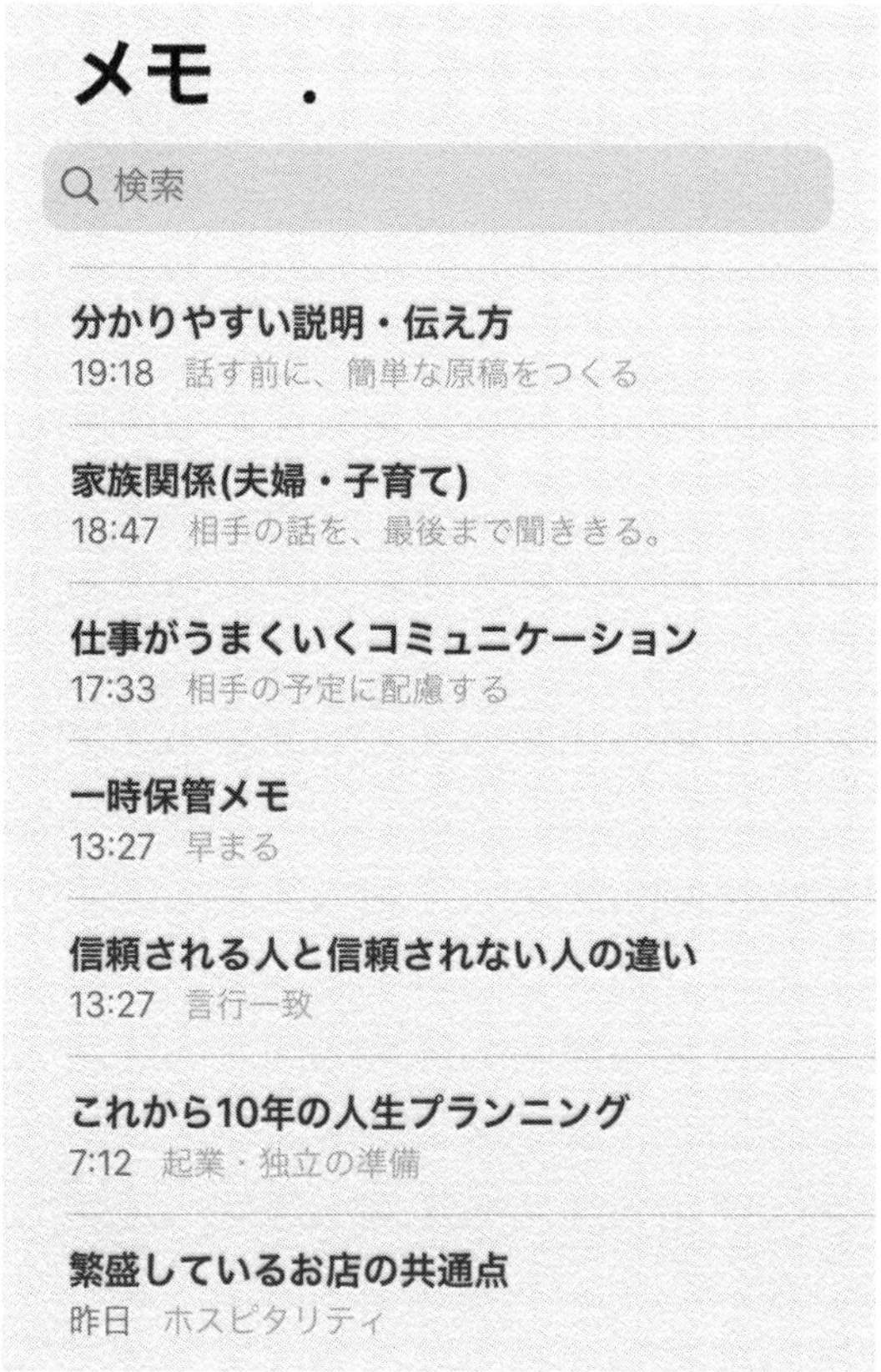
メモ
検索
分かりやすい説明・伝え方
19:18 話す前に、簡単な原稿をつくる
家族関係(夫婦・子育て)
18:47 相手の話を、最後まで聞ききる。
仕事がうまくいくコミュニケーション
17:33 相手の予定に配慮する
一時保管メモ
13:27 早まる
信頼される人と信頼されない人の違い
13:27 言行一致
これから10年の人生プランニング
7:12 起業・独立の準備
繁盛しているお店の共通点
昨日 ホスピタリティ

20字1行で表現するためには、ものごとの本質や中核、結論の部分を捉えなければいけません。そのためには、何を言いたいのか、何が大事なのかを整理することになります。また、1行になっていることで、視覚的にパッと見て内容を理解できます。

これを繰り返していくと、話し上手・伝え上手にもなります。

そして、これらの箱とは別に「一時保管メモ」というタイトルの箱も用意します。

基本的に、メモを取るときはどの箱に分類されるかを考えながら書いていきますが、会食やミーティングの最中など、**あまり考える時間のない場面でメモを取ることがあります。そのときはすべて「一時保管メモ」に入れていきます。**その場面が終わってからそれぞれの箱に仕分けしていきましょう。

4 どう、書くか（HOW）

先ほど示したメモの箱の1つ、「仕事がうまくいくコミュニケーション」を開くと、次のページのようになっています。パッと見て、視覚的なメモになっているのがわかります。

このメモ術には、書き方のルールがあります。大きく分けると「エッセンス」と「詳細」「ブロック」についてです。

「エッセンス」とは、ここまでに得た「ひらめきの素材」、つまり「A4マトリクス・ノート術」の4分類に書いたことや、「自分でたどり着いた答え」です。これを20字1行で書きます。

エッセンスだけだと後から見返したときに思い出せないことがあるので、「詳細」

仕事がうまくいくコミュニケーション

相手の予定に配慮する
　スケジュール感を聞く

クイックレスポンス
　24h以内の未返信を0にする
　　その場でできる返信は、その場でする
　　移動時間を有効活用して返信
　　返信未返信を、一目瞭然にする工夫
　　　返信済みをアーカイブする

実行は報告までがセットである
　自己完結せずに、相手に伝える

相手の大切にしてるものを、大切にする
　まずは、理解しようとする
　家族との時間、趣味、仕事の進め方
　配慮してることを常に伝える
　　相手との心の距離が縮まる
　　理解しようとする存在として認識

も記します。これは後述のようにエッセンスから思考を深掘りして書いていきます。
また、ひとつの「ひらめきの素材」を集めるときに、そこから派生して別のことを思いつくことがあります。そうした場合も、「詳細」と考えます。

次の図で言えば、4つのエッセンスが存在しています。これがメモの最小単位です。
まず、エッセンスはタイトルと同じく20字1行に収めます。そこから改行して階段状に詳細を書きます。詳細は、後になってから読み直しても、簡単に理解できるレベルまで書き足します。

詳細は、自分に3つの質問のどれかを投げかけると、うまく書けます。

- 「それって、どういうこと?」
- 「それって、どうやるの?」
- 「それは、どうして?」

仕事がうまくいくコミュニケーション

相手の予定に配慮する → エッセンス
　スケジュール感を聞く → 詳　細

クイックレスポンス → エッセンス
　24h以内の未返信を0にする
　　その場でできる返信は、その場でする
　　移動時間を有効活用して返信
　　返信未返信を、一目瞭然にする工夫
　　　返信済みをアーカイブする
→ 詳　細

実行は報告までがセットである → エッセンス
　自己完結せずに、相手に伝える → 詳　細

相手の大切にしてるものを、大切にする → エッセンス
　まずは、理解しようとする
　家族との時間、趣味、仕事の進め方
　配慮してることを常に伝える
　　相手との心の距離が縮まる
　　理解しようとする存在として認識
→ 詳　細

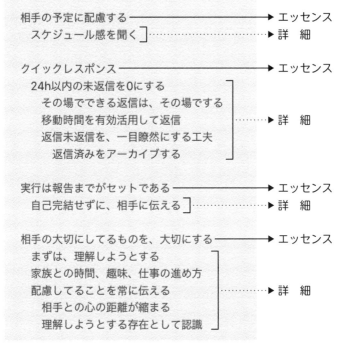

この例で言えば、「クイックレスポンス」というエッセンスに対して、「それって、どういうこと?」と質問します。「24h以内の未返信を0にする」という答えに対して、さらに「それって、どうやるの?」と質問します。

「その場でできる返信は、その場でする」「移動時間を有効活用して返信」「返信未返信を、一目瞭然にする工夫」と出てきます。この例では、「返信未返信を、一目瞭然にする工夫」に対して、もう一度「それって、どうやるの?」と投げかけています。

質問1つごとに改行してスペースを入れます。こうすると、エッセンスの1かたまりが階段状になります。次のエッセンスとの間を1行空けることで、視覚的にわかりやすくなります。

メモにエッセンスを書き足していく中で、すでに書いてある内容と関連するものが出てくるようになります。そのときは、エッセンス同士を上下に並ぶように書いていきます。このまとまりが「ブロック」です。カット&ペーストで並び替えしやすいのもデジタルメモにしている理由です。

この実例の場合は、エッセンス同士の並べ替えをすることで、3つのブロックが出

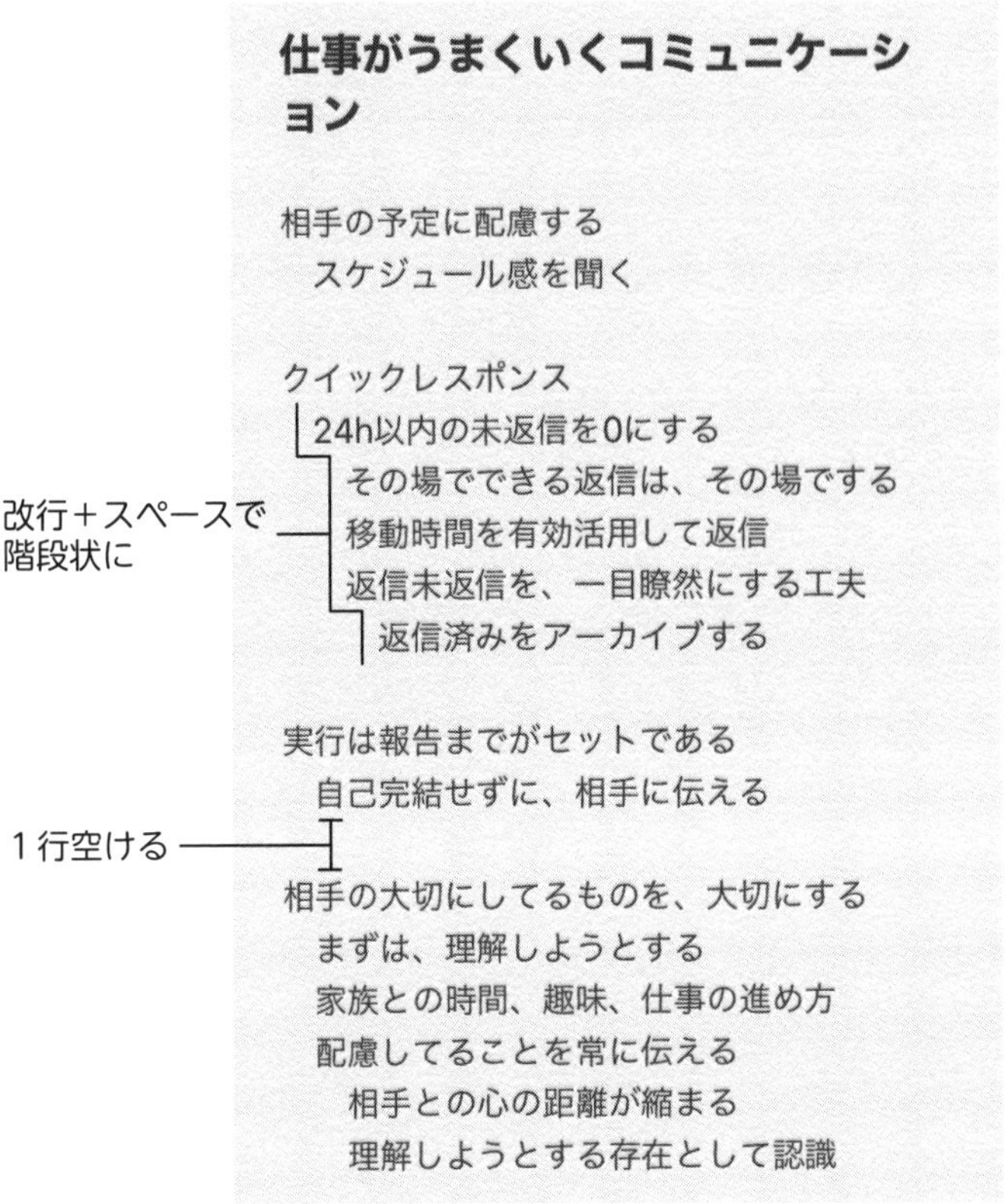

仕事がうまくいくコミュニケーション

相手の予定に配慮する
　スケジュール感を聞く

クイックレスポンス
　24h以内の未返信を0にする
　　その場でできる返信は、その場でする
　　移動時間を有効活用して返信
　　返信未返信を、一目瞭然にする工夫
　　　返信済みをアーカイブする

実行は報告までがセットである
　自己完結せずに、相手に伝える

相手の大切にしてるものを、大切にする
　まずは、理解しようとする
　家族との時間、趣味、仕事の進め方
　配慮してることを常に伝える
　　相手との心の距離が縮まる
　　理解しようとする存在として認識

来上がっています。ブロックごとの区切りが視覚的にわかるように、点線を入れます。

ブロックの分類は、厳密でなくても大丈夫です。「こんな感じかな？」と感覚的に分けていきます。エッセンスを書き足していく中で、新しいくくりが見えてきたら、分類を入れ替えて構いません。

また、大事な内容や関心が高い内容の場合は、メモが膨大になることもあります。そうすると上下にスクロールするのが大変になるので、同じテーマで新しい箱を用意します。**目安として、400〜450行くらいを超えたら新しい箱を作ります**。**忘れてはいけないのが、検索機能**です。膨大なデータベースになっても、検索をかけることで求める情報を探し出すことができます。これもデジタルメモを推奨する理由です。

こうして情報を体系的に整理し、組み替えたり入れ変えたりすることで、「思考のデータベース」が出来上がります。これがひらめきの土台になるのです。

仕事がうまくいくコミュニケーション

相手の予定に配慮する
　スケジュール感を聞く

クイックレスポンス
　24h以内の未返信を0にする
　　その場でできる返信は、その場でする
　　移動時間を有効活用して返信
　　返信未返信を、一目瞭然にする工夫
　　　返信済みをアーカイブする

実行は報告までがセットである
　自己完結せずに、相手に伝える

相手の大切にしてるものを、大切にする
　まずは、理解しようとする
　家族との時間、趣味、仕事の進め方
　配慮してることを常に伝える
　　相手との心の距離が縮まる
　　理解しようとする存在として認識

ブロック❶

－－－－－－
上司はメンバーの成果を、褒めるよりも喜ぶ
　成果が出た報告の場面
　オフィスの中で誰よりも喜ぶ、はしゃぐ
　　嬉しい～＆飛び跳ねるぐらい

承認は、チームを変える魔法
　あなたには価値があると伝える行為
　あなたは素晴らしいと伝える行為
　　行動と存在を承認する
　　　　どれだけ役に立っているか
　　　　どんな意味があるか

ブロック❷

－－－－－－
上司がよく使う単語をつかむ
　相手との会話で使う
　　一言一句、イントネーション 変えずに

そうそう、そう言うことと言われるを目指す
－－－－－－

ブロック❸

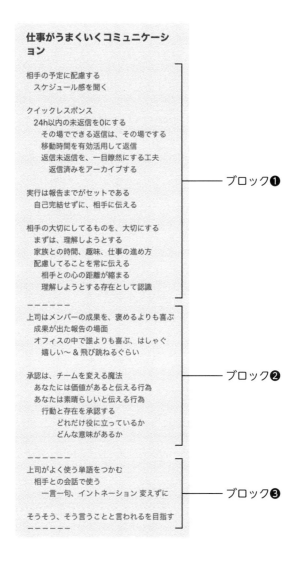

5 「メモ」そのものが、ひらめきを生む行為になる

エッセンスを深掘りして詳細を生み出す。これは1つの情報から、新しい情報を増やしていくことでもあります。また、思考のデータベースを構築していく過程では、情報を入れ替えたり、組み合わせたりします。

これらを繰り返すことで、私たちは情報の深掘りの仕方、入れ替え方、組み合わせ方、つまり**「情報の扱い方」を覚えていきます。**「ひらめきの素材」を集めるために「A4マトリクス・ノート」で情報を分類することや、自分の問いを持って自分の答えにたどり着く過程でも同様です。

そうして**「ひらめきの素材」が増えて「情報の扱い方」が上手になることで、情報と情報を自由に結びつけることができるようになる。これが本書で定義する「ひらめき」**です。それまで無関係に存在していた情報同士が結びつくこともあるし、もちろ

ん近い分野で結びつくこともあります。これもメモとして書き込んでいきます。

たとえて言うなら、レゴブロックです。一つひとつは小さなブロックで、形もバラバラです。それらには、さまざまな「組み立て方」があります。同じ2つのブロックがあっても、組み立て方によってできる形は異なります。ブロックの数が増えれば、出来上がる形のバリエーションは無限です。

そうして無数の「組み立て方（情報の扱い方）」と、「ブロック（情報）」が揃うことで、自由に組み立てることができるようになります。

ひらめきは、集めた情報の全体像を俯瞰《ふかん》的に捉えているとき、つまり情報を整理しているときや深掘りしているときに起こりやすくなります。メモをすること、そのものがひらめきを生む行為になるのです。

そして、思考のデータベースはアップデートしていくことができます。本書ではノウハウをわかりやすく説明するために順を追ってお話ししてきましたが、実際には、それぞれの内容を同時進行していってください。日常的に繰り返していくことで、

「思考のデータベース」は、より巨大かつ緻密《ちみつ》になっていきます。

すると、**情報を仕入れた瞬間に、データベースの中にすでにある情報と結びつくこと**がありますそうして、いつでもどんな所でも、ひらめきを作り出せるようになるのです。

6　いつ、書くか（WHEN）

ひらめきは、頭の中に生まれてきた瞬間には気体のような性質を持っています。そのままではすぐに霧散してしまいます。ひらめきが生まれたことは覚えているのに、その内容が思い出せなくなるのです。

することと逃してしまったひらめきをもう一度捕まえようとすれば、長時間考えこむことになりますし、必ずしも捕まえられるとは限りません。非常に時間のロスです。気体のままだから消えてしまうわけです。気体を結晶化し固体にしてしまえば、逃げていくことはありません。

その結晶化の方法が、「メモ」です。頭の中に生まれたひらめきを言語化し、メモしていきます。そして、結晶化はタイミングが命です。その場でメモする。これが鉄則です。決して、時間を空けてはいけません。

お風呂であろうが、誰かと話している途中であろうが、どんなときであっても、その瞬間にメモします。頭の中で覚えておいて、後で書き出そうとすると失敗します。

会話の最中であれば、相手にひと言断って書き出してください。お風呂に入るときは、洗面所にスマホを持ち込んでください。あらゆるシチュエーションにいても、ひらめきを最優先させることが何より大事です。**「その場」で「結晶化」する。これが大原則**です。

ひらめきを逃してしまうことで損をするのは、自分だけではないかもしれません。自分の思いついたひらめきが、周囲の人が困っている状況を解決することはよくあります。もっと言えば、人類にとっての大きな発見につながる可能性も十分あります。世の中にあるすばらしいサービスや道具、誰かを感動させるものは、必ず誰か1人の頭の中から生まれているのです。

7 ひらめきを生む習慣「五感に刺激を与えながら考える」

ひらめきを作ることに慣れていくと、「メモ」のように意識的にひらめきを作ろうとしているときだけではなく、無意識レベルでも情報の結びつきが起こるようになります。街中を歩いているとき、誰かと雑談をしているとき、お風呂に入っているとき、寝る直前や夢うつつの中というときもあります。

有名なエピソードとしては、ノーベル生理学・医学賞を受賞したオーストリアの薬理学者オットー・レーヴィです。彼は寝床で思いついたひらめきをメモすることで、実験方法を見つけていたといいます。

これが世間的にいわれている「ひらめき」です。思考のデータベースが出来上がっていない状態でも偶然起こることがあります。当然その確率は低いため、特別なことのように感じられるわけです。

無意識でのひらめきに有効なのが、「刺激」です。

私が小学生の頃、祖母はよく、ボケ防止になるからと「テトリス」などのパズルゲームをしていました。最新の研究成果でも、リハビリにパズルゲームはよいといわれています。

私たちの脳は、活動の種類によって、活性化する領域が異なります。この特徴を逆手に取って、ひらめきを作りやすくするのが「五感に刺激を与えながら考える」です。生活の延長線で取り入れやすい方法がたくさんありますし、身体的な健康や精神的な健康にもつながります。

たとえば、こんなことが考えられます。

- お風呂：湯船の温かな刺激
- シャワー：頭皮や体への刺激
- 歯磨き：口内に対する刺激、手先を動かす刺激
- ジョギング：地面から足に伝わる衝撃の刺激、手足を動かす刺激、気温や空気を感じる刺激、心肺機能への刺激。健康にもつながる。

- カフェでゆったりと：心地よいソファの座り心地や、好きな飲み物という刺激
- 書きながら：手先を動かす刺激、視覚情報の刺激
- 音楽を聴きながら：主に聴覚への刺激。創作をする人たちに多い手法
- 旅行先で：日常からの解放という刺激、ここちよさという刺激

「お気に入り」「リラックス」「ここちよい」といった感覚のときに、人のクリエイティブな面は発揮されやすくなります。私がよく実践していて**特におすすめなのが、シャワー**です。頭にダイレクトに刺激を与えるからか、仕事で解決したい問題の答えを思いつくことがたびたびあります。そのため、私は毎回お風呂場の近くにスマホを持ち込んで、いつでもメモできるようにしています。ぜひ、自分に合ったスタイルを生活の中に取り入れてみてください。

8

「アイデアの4次元ポケット」を持つ

コンサルティング業に携わるなかで、アドバイスや改善案を求められるなど、自分の意見を提案する機会がたくさんあります。そうした場面で見事な回答や提案ができるほど、クライアントからの信頼は高まります。その積み重ねが評判や口コミとなり、より大きなチャンスがやってきます。これはコンサルティング業に限らず、ほかの仕事でも当てはまるでしょう。

「ひらめき」や「アイデア」には、天啓のようにやってくる、空から降ってくる、瞬時に思いつく、といったイメージがあります。前述した通り、実際にそうした瞬間もありますし、ひらめきのスキルを高めることで、その頻度や回数は多くなります。

しかし日常的な仕事においては、**その場でひらめくこと以上に、ひらめきのストッ**

クをどれだけ持っているかのほうが重要です。

「ひらめきの素材」を増やし、「思考のデータベース」を構築していくなかで、見事なアイデアがどんどん蓄えられていきます。それを私は、「アイデアの４次元ポケット」と呼んでいます。

ドラえもんはのび太くんが、「ドラえもーーーん」と泣きついてくると、その状況に応じて、４次元ポケットからひみつ道具を出してくれます。これと同じです。さまざまな問題を解決してくれるひらめき（ひみつ道具）を、日頃からたくさん蓄えておき、「こんなことで困ってるんだよ」というリクエストに応じて、いちばん役立つものを引っ張り出すのです。

ひらめきのメモ術を「１メモ１タイトル」として、「エッセンス」「ブロック」に分けているのは、アイデアの４次元ポケットを持つためです。分野を特定してグルーピングしながらメモすることで、脳の中ではタグづけされながら、情報が処理されています。「１１９２（いいくに）」と言われたら、すぐに「鎌倉幕府」という情報が取り出せるように、タグづけされながらメモした情報は取り出しやすくなるのです。

ひらめきには、「あの仕事のこんなシーンに活かせる！」と、使いどころがハッキリしているものがあれば、「何かの役には立つ気がするんだけど、それが何かはまだわからない」というものもあります。

この両方を、ストックしていきます。何に実用化できるかがわからないからといって、そのひらめきに価値がないわけではありません。将来のポテンシャルが秘められているのです。

せっかく生まれたひらめきです。**すぐに役に立つかどうかだけで判断しない**でください。ストックしていくことで、ひらめきの引き出しが増えていくのです。

9
〝こっぱずかしい〟ひらめきほど、ポテンシャルがある

ひらめきを思いついたのはいいけれど、話すのを躊躇するときがあります。「これを発表するの、こっぱずかしい」といった、くすぐったいような、ムズムズするような感じです。

私がある会社の記念パーティを手掛けたときの話です。社長ご夫妻の記念日に合わせたイベントだということで、2人の馴《な》れ初《そ》めを紙芝居のようなストーリー仕立てにして、社員の方がナレーター・登場人物になりきり朗読するプログラムを思いつきました。それをマジメな会議で発表する間、こっぱずかしくて仕方ありませんでした。

この感覚を味わうときは、子ども心や遊び心というような、自分の純粋な部分からひらめきが出ています。大人の感覚から見ると幼く感じるような種類のものですが、とてもその人らしい発想です。

その内容を人に伝えることで、自分の内面をさらけ出してしまうような感じがします。特にビジネスの場で思いついたときには、「この内容は場違いなんじゃないだろうか」という葛藤を感じます。

そんなときこそ、そのひらめきを追求していきましょう。オリジナルである可能性が高いからです。誰でも思いつくものではなく、自分だからこそ作れるもの。業界の常識やこれまでのやり方、従来の方法にはなかった価値や喜びを、関わる人に提供できるポテンシャルがあるのです。

このタイプのひらめきを形にする最大のハードルは、誰かに最初に聞いてもらうときです。穴があったら入りたいくらいにこっぱずかしさを味わいますが、「それって、すごく素敵だね」「めちゃくちゃ、いいじゃん」と言われたときの幸福感はとてつもなく大きいものです。

最初のハードルを一度、飛び越えてしまいさえすれば、あとはあまり気にならなくなります。その先に、この上ない喜びが待っているのです。

10 自分の考えに名前をつけて、オリジナル理論にする

ひらめきを作り出したときには、そのアイデアに名前をつけましょう。この本の中でも「A4マトリクス・ノート術」「リスペクト記事」「アイデアの4次元ポケット」「何かないかなメガネ」など、私の造語はいくつもあります。

些細なものでもいいので、名前をつけてオリジナル理論にします。大それた感じがしたり、恥ずかしく思ったりするかもしれませんが、難しく考えずに、友達にニックネームをつけるくらいの感覚で大丈夫です。

そんなことをして何の役に立つのかと思う人もいるでしょう。しかし、**自分の考えに名前をつけてオリジナル理論にすることで、抽象化する力、比喩能力、言語化力、説明能力が磨かれます。**

名前をつける行為は、特徴を捉えることから始まります。「大きい」「小さい」「速い」「ゆっくり」「丸みがある」「角張っている」といった要素を抜き出します。そうしていくと、抽象化する力が養われます。

オリジナル理論を作るためには、似たものを探すアプローチも有効です。「何に似ているだろう？」と自分に問いかけることで、見つかることがあります。ここでのポイントは、多くの人が知っているものを選ぶことです。これが比喩能力につながります。

そのうえで、最終的にはネーミング。1つの言葉として完成させます。出来、不出来も大事ですが、完成させる回数を重ねることで、言語化力の回路を開いていきます。これらの過程を経て人に説明できることで、より伝わりやすくなります。そうして、周囲から「あなたの説明って、わかりやすい」と言われる機会が増えます。

オリジナル理論ができたときは、誰かに話してみてください。恥ずかしさもあるでしょうが、心のブレーキを自分で外してあげてください。相手からはきっと好意的な反応が返ってきます。その経験が、**自分自身がオリジナルな存在として、世界に受け入れられたという感覚を育んでいく**のです。

第７章
ひらめきを活かす、仕事術

ここまで、ひらめきを作るための方法をお伝えしてきました。自分でもできそうだな、と思ってもらえれば幸いです。

ただし、せっかくのひらめきも、使わないことには実を結びません。どこでひらめきを使うのかといえば、職場です。ところが、職場で自分のひらめきをすぐに採用してもらえるとは限りません。普段仕事で何の結果も出していない人が、いきなり「いいことをひらめいたので採用してください！」と言っても、誰も相手にしてくれないでしょう。

本章ではまず、「ひらめきを活かす人」にとって必要な、仕事との向き合い方についてお話しします。そして、自分に負荷や制約をかけることで、より高い成果を出す方法や、自分をアップデートしていくための「問い」の持ち方に触れていきます。

その積み重ねによって得ることができるものがあります。それは「信頼」です。

ひらめきは斬新なこと、ほかの人が思いつかないような発想であることが前提です。当然、前例がありません。ほかの人から見れば、妄想のように思われることもあります。そのときに自分のひらめきを採用してもらうために必要なのが、信頼なのです。

本章の最後には、仕事で成果を出したうえで、さらにあなたの「信頼貯金」を貯めていく方法をお話しします。そうして、あなたは自分のひらめきを思う存分に使えるようになるのです。

職場でひらめきを実践できるようになると、怖いものはなくなります。職場はひらめきを試す最高の遊び場に変わり、ひらめきの質を上げる最高のトレーニング場所にもなります。そこで得た学びが、さらにひらめきの質を高めていきます。

前章でもお話しした通り、すぐに使いどころがわからないひらめきも大事にしなければいけません。この使いどころも、ひらめきを実践していくなかで、見出せるようになってきます。

年齢、職業にかかわらず、誰でも応用できる仕事術です。ひらめきと合わせて実践することで、あなたのステージを1ランクも2ランクも上げていってください。

1　2つの「責任」を持たなければ、人生の舵を失う

同じ会社で働き続けようが、転職をしようが、独立起業しようが、変わらない大切なことがあります。それは、自分の仕事に「責任」を持つことです。

ここでお伝えしたい責任には2種類あります。

1つは、結果に対する責任です。その鍵は、マインドセット（意識の持ち方）にあります。「結果責任を、自分が担っていく」という責任感。役職には関係ありません。人は条件に合わせたパフォーマンスを発揮する生き物です。「なんとなく自由に」という気持ちで考えると、「なんとなく」レベルのアイデアが出てきます。一方で、「結果を担うのは自分だ、そして、それに値するものを生み出す」と決めている人からは、質の高いアイデアが生まれやすくなります。

組織には会議がつきものです。キャンペーンを考える会議、売上増加の方策を出す

会議、下がった数字のテコ入れをする会議……さまざまなテーマで行われます。

しかし、現実問題として多くの会議ではパッとしたアイデアが出てきません。厳しい言い方ですが、単なる思いつきの範疇《はんちゅう》を超えないようなものや、「誰がどうやって実現するんだよ」とツッコミたくなる無責任な提案がたくさん出てきます。会議に時間をかけたぶんだけ、重い空気が充満します。

そんなときに、「その手があったか！」とメンバー全員の顔に光が射すようなアイデアを出すのが、ひらめきを作れる人の役割です。そこに必要なのが、結果に対する責任感なのです。


そして**もう1つの責任が、自分のビジネス人生に対する責任**です。

私たちはこのことを忘れてしまいがちです。会社の方針や上司の指示をキチンとこなしていれば、少なくとも定年までは安心だと錯覚しています。心配するのは、年収の見通しぐらいです。

自分のビジネス人生を自分以外が守ってくれる、という幻想にとらわれているほうが、精神的なストレスを感じなくて済みます。これは、心理的な安心を得る代わりに、人生のハンドルを他者に預けている状態だと言えます。会社に所属している、所属していないといった表面的なことではありません。私たちは昨今の社会情勢で、「何が起こるかわからない」ということを経験してしまいました。想像し得ないことが起こったとしても、対応していかなければいけません。そして、「自分や大切な人たちを守っていくのは自分なんだ」という気持ちで過ごす必要があることを、身をもって知りました。

どんな働き方をしていても、自分のビジネス人生には、自分で責任を持つと誓約する。それが自分の力を100パーセント取り戻すための、最初のスイッチです。

2

成果に興味を持ち、成果をモノサシにする

「自分の仕事」と「成果」の関連性が理解できると、仕事は面白くなります。成果という言葉を聞くとプレッシャーに感じる人もいるかもしれませんが、成果を感じられない状態というのは、決して面白いものではありません。

私の友人に、誰もが知っている大企業に勤めている人が何人かいます。社員が数万人単位の会社です。違う会社で働いているにもかかわらず、彼らは同じようなセリフを口にするのです。

- 業務が分断されていて、自分の仕事が最終的にどうなるのかが見えない
- 会社の業務規模があまりにも大きく、自分のがんばりが影響している実感がしない

・自分がこの仕事をしなくても、会社が回る仕組みになっている

これは、自分の仕事がどんな成果を生んでいるかがわからない、というところから生まれる悩みです。**成果とは数字で表されるもの**です。たとえば野球は、ただボールを投げたり打ったりするから面白いのではありません。プレーの一つひとつが数字に置き換えられるから、面白いのです。ビジネスでも、まったく同じです。ビジネスのルールである成果（客数や売り上げ、利益）がわかるほど、面白くなっていきます。

経営者の社員に対する評価の基準は、数値化された指標です。自分の仕事を数値化できるようになれば、そこに有利に働いていくようになります。

これは営業や販売といった、直接的に数字が出る職種に限らず、どんな仕事でも可能です。たとえば、営業サポートをする人であれば、「自分が考えた工夫で営業部署の人の稼働時間が8パーセント増えた」といった具合です。それを基準に自分の仕事の価値を上司や他部署、経営陣にプレゼンテーションすることができます。

成果をモノサシにして仕事を測れるようになると、創意工夫が楽しくなります。自然と仕事のクオリティが向上し、役に立っている実感を得ることができるのです。

3 労働時間の長さよりも、提供すべき価値を意識する

ほとんどの人が、時給制度で社会人生活をスタートします。職種と業務内容と時間当たりの賃金がセットになっているという意味で、日給や月給も同じです。そのため「仕事とは決められた業務をし、働いた時間の長さに応じて、お金を受け取る」という認識から抜け出すのが難しくなります。

ここには、**いちばん大事な視点が抜け落ちています。その職種がどんな価値を生み出す仕事なのか**、です。

私たちが仕事をするうえで意識すべきことは、作業時間の長さではありません。価値を作ることです。営業でも事務でも、経理でもホールスタッフでも、どの仕事でも共通しています。「自分の仕事において、提供するべき価値は何か？」「どうしたら、その価値をより高めることができるか？」。こうした意識の有無が、仕事に対する取り

組み方を変えていきます。

このとき、押さえなければいけないのが**自分の考える提供するべき価値と、求められていることのすり合わせ**です。

たとえば、飲食店のスタッフが、お客様に元気に挨拶と接客をして、お客様が笑顔になってくれることが自分に提供できる価値だと考えていたとします。

これも間違ってはいませんが、経営者としては、お客様が笑顔になってくれるだけでなく、「このお店っていいお店だな。また来たいな。友人にも紹介したいな」と思われるような接客を望みます。これが「求められている価値」です。

こうした視点で考えていくと、決められた作業をして、1時間当たりの賃金をもらう発想から、いかに価値を作るかといった働き方に変っていきます。みずから工夫を重ねるようになり、その試行錯誤を楽しむことで、報酬も充実度も高まっていくのです。

4 ビジネスパーソンとしての「自覚」をアップデートする

能力を磨くことや知識を増やすこと、経験を積むことよりも、私たちの成長スピードと到達できるレベルを変える要素があります。「自覚」です。自分をどんな存在だと思っているかの認識。これが将来の姿を決定していきます。

漫画『ワンピース』の主人公ルフィは、第1話から「海賊王に、俺はなる!!!!」と言っています。まだ何も成し遂げていない、冒険すら始まっていない時点、仲間も1人もいない状態です。しかし、彼にとっての自覚は「自分は、海賊王になる存在」です。そして、冒険する中で一歩一歩、その姿に近づいていきます。

「自覚が先、現象が後」です。どんな自覚を持っているかで、どんな人生を歩んでいくかがまったく変わります。

自覚は、自分の「核」になります。

核という言葉には2つの意味があります。

1つは**行動指針・判断基準**です。「海賊王になる存在」だとしたら、何をするのか、そして何をしないのかが自動的に決まります。

もう1つは、**磁力を持つ核**です。「海賊王になる存在」に必要な情報や出会い、試練や運命が引き寄せられていくのです。

そして、**自覚は自分の「格」を変えます。**レベルや器、スケール、クオリティ、それらの総称です。その人から滲み出る品格や風格まで変えてしまうのです。

リーダーになる人は、リーダーになる前からリーダーとして振る舞います。その結果として、リーダーになっていきます。自分の影響力は、自覚によって先に決まっています。ビジネスパーソンとしての自覚を確認し、定期的にアップデートしていく。未来を変えるのは、自覚なのです。

5 「やってみないとわからない」は、最悪のNGワード

コンサルティング業に携わるなかで、成功するプロジェクトと失敗に終わるプロジェクト、成果の出せるチームとそうでないチームに、明確な違いがあることがわかりました。ある口グセを言っているプロジェクトやチームは失敗確率が高い傾向にあります。

それは**「やってみないと、わからない」**です。何気なく使われる言葉ですが、成功するプロジェクトやチームでは、このワードがほとんど出てきません。

そのことに気づいて疑問に思った私は分析しました。その結果、**意識の甘さが口グセになって表面化されていた**のだとわかりました。

まずは**成果に対するこだわりの薄さ**です。

成功するプロジェクトを担うチームやリーダーは、「絶対にこのプロジェクトを成功させるぞ」「その責任を自分が担っているんだ」という気迫を持っています。反対に、うまくいかないチームは、成果に対してコミットメント（成果を出す。その責任はすべて自分が担う）を持つ人がいません。「失敗したとしても失うものは少ない」と思っている人たちが集まっています。

それがそのまま、**成果を出すためのシミュレーションの甘さ**につながります。

コミットメントしているチームには、「成果は出るものであり、自分たちで出すもの」という前提があります。そのため、シミュレーションに余念がありません。「この通りにやったら、絶対に成果が出る」というところまで、考え抜いていきます。

反対にうまくいかないチームは、詰めが甘く、肝心なところが抜けています。プロジェクトの期限や本番が近づくほど、ヌケモレが発覚します。「あれをやっておけばよかった」「こうしておくべきだった」という事態がいくつも起きます。もちろん、結果には悪影響です。自分のチームから「やってみないと、わからない」という発言があれば、チームの状態を赤信号だと捉えてください。

6 「意図せず、大成功」は、意図しまくった先に訪れる

ひらめきを追求していくと、連鎖反応のように大成功が起こることがあります。自分が意図していなかったような現象が起こったり、想像を超えた結果が生まれたりします。「企画が一人歩きする」「神風が吹いた」というように表現される世界のことです。プロジェクトや企画に携わる全員が恩恵を受け、奇跡を体験しているような感覚になります。

この「意図せず、大成功」が起こる条件があります。逆説的に聞こえるかもしれませんが、**意図し尽くした先に偶発的に起こり得る**のです。大ヒットした商品、映画、書籍、キャンペーン、新規事業、起業、プロダクト、サービス……ほとんどの誕生ストーリーや成功物語をひも解いていくと、「これでもか」というくらいに、意図がちりばめられています。

意図とは、「こういう成果を作りたい」「こんな風になるはず」「こういう状況を実現したい」「これが機能すれば、すごいことになる」という、主体的で創造的なエネルギーです。**まず、意図ありき。そうすることで、意図からの逆算と工夫が生まれます。**

このとき、「きっと、うまくいく」という確信と「本当に、うまくいくのだろうか」という不安、対極的な感情が、自分の中に同時に存在します。プロジェクトを成功させた経験がある人はみんな、この感覚を知っています。無闇やたらにやったから大ヒットやホームランが出るのではなく、意図し尽くした先にやってくることを知っているのです。だから、彼らは**「やれることを、全部やる」**精神を持っています。

「意図せず、大成功」を体験している人は、自分の力を超える成功を、肌感覚で知っています。その体験の有無は、ビジネスパーソンとして天と地ほどの開きになります。一度体験したことであれば、人は再現できるからです。

7 「負荷」で才能を孵《ふ》化《か》させる

オリジナルな存在になっていく過程では、「負荷」を選択することも必要です。

一般的に、負荷とはネガティブな要素です。求められるクオリティ、タイトな期限、超えなければいけない基準、チャレンジングな目標、解決しなければいけない問題、周囲からの大きな期待、未経験の領域……。人間にとって、ストレスに感じるものです。「逃げ出したい」「もう無理だ」「できっこない」「なんで、こんなことにチャレンジしてるんだろう」。

しかし、「負荷」こそが、自分の才能を孵化させてくれます。それも驚くべきことに、そのほとんどが、思いもよらない分野で花開きます。

・まさか、人前で話すようになるなんて
・自分が、作品を作るとは想像していなかった
・苦手だと思ってたことが、いまの仕事になっている

一流と呼ばれるのは、そうした経験をしている人たちが少なくありません。ここには2つの理由が考えられます。

1つは、才能の食わず嫌いです。それまで学校生活という限られた環境の中だけで、自分の才能の有無を判断していた。しかし負荷によって自分が苦手だと感じている分野に取り組まざるを得なくなり、実はそこに才能が隠れていた、という場合です。

もう1つは、突然変異的な進化です。負荷に適応するために、急速に短期間で進化する。生物の生存本能にスイッチが入るようなイメージです。

しかし、だからといって、**何でもかんでも負荷を引き受ければいいわけではありま**

せん。選ぶべき基準があります。

感覚的な表現になりますが、**「自分の心の声に従う」「運命的な流れだと感じる」**といったことです。

- よくわからないけれど、大事な感じがする
- 自分の中で、「これをやらなきゃいけない」という声が聞こえる
- 不思議なご縁や偶然が重なっていると感じる

こうした感覚を覚えたときは、その負荷を歓迎してください。多くの場合、「心の準備ができていないとき」にやってきます。そのため、とっさに「無理」「怖い」「まだ早いかも」といった感情が襲ってきます。しかし、実際にやってみると乗り越えられることがほとんどです。

「心の準備」ができていないときにこそ、「私、やります」と宣言しましょう。ちょっとした後悔もあるかもしれませんが、不思議とドキドキやワクワクを感じるはずです。

8 「ラスト1マイルの法則」で新しいひらめきを作る

マラソンを走っていて、「もう足が動かない……苦しい……限界だ……」とあきらめようとしたとき、真っ白なゴールテープがほんの少し先にあるのが見えてきた。すると、どこに眠っていたのかわからない、最後の力が湧いてきます。

仕事でも、これと同じ力を活かすことができます。

たとえば、夏祭りでたこ焼きの屋台を出していたとします。2日間で6個入りのたこ焼きを500箱販売する目標でした。祭りも2日目になり、残すところあと60分。このままのペースでいくと、490個にしか到達しないことがわかりました。あと10個を時間内に販売するために、どんな工夫が考えられるでしょうか。値引きすることだけは禁止されています。

- 呼び込みの声かけを変えてみる
- 6個のうち1個がカラシ入りの「ロシアンルーレットたこ焼き」を作る
- 祭りで疲れたお母さんに、「家に帰ってから、夕飯を作らなくていいですよ」と提案してみる
- たこの量が2倍の「プレミアムたこ焼き」を作る
- ラスト5分になったら、3組限定で、「屋台のたこ焼きを自分でひっくり返すことができる体験」を商品にしてしまう

このように、**〝あとちょっと〟が見えると、いくらでも方法を思いつきます**。中には、自分でも驚くようなものが出てきます。

負荷や制約がかかることで、新しいひらめきが生まれることは往々にしてあります。中でもゴールが目前に見えたときに特に強い力が発揮される。これが「ラスト1マイルの法則」です。

この力を発揮するための条件が2つあります。

1つは、ゴールが目前に見えていること。無理そうだけれど、あとちょっとだけ手を伸ばせば届くような状況です。もう1つは、「せっかくだから成果を達成したい」という気持ちのもうひと踏ん張り。つまり、達成へのこだわりを持つことです。

「ラスト1マイルの法則」はチームプレーでも働きます。「あと一歩」という状態が見えると、それまで疲労困憊《こんぱい》だったチームに再び息吹きが戻ってくるのです。

その効果をより引き出すために、リーダーは**「お祭り状態」**をいかに作るかがポイントになります。チームの目標達成に向けて、メンバーから主体的に「こんなのをやってみよう！」「私、これやってみます」「せっかくだから、もう1アポイント取ります」といった声が次々に上がる状態です。モチベーションが高く、チーム全体がゾーン状態に入り、驚くほどの勢いと伸びを見せます。

「お祭り状態」の条件は、リーダーが達成へのこだわりを信じていること。そのうえで、メンバーの取り組みを承認することです。

そのために、チームリーダーにはプロジェクトの進捗やそれぞれの施策が効果を発揮していることを、リアルタイムでメンバー全員に共有する工夫が求められます。グループメールを使ったり、かけ声で知らせたり、とにかくお祭りのように、チーム全体を賑やかし、盛り上がりを創出します。

ラスト1マイルを疾走するなかで、チームには**新しいひらめきが創出**されることがあります。極限状態を乗り越えようとする負荷や、「あと一歩を達成するためには？」という問いがチーム全体に投げかけられることで、思わぬアイデアや方法が生まれるのです。そこで出た成果は、チームにとっての財産として蓄積されていきます。

そしてもう1つ得られるものが、「**突破体験**」です。「やったらできた」という事実によって、自分たちには伸びしろがあったことを実感する。それが挑戦する面白さと自信を教えてくれるのです。

9

リーダーになる人の習慣「1人作戦会議」

成功する人たちは、周囲の人たちとの協力を大事にしていますが、自分と向き合うことを何よりも大事にしています。自分と対話したり、戦略を描いたり、未来を妄想したりする「1人作戦会議」の時間です。

- 仕事前に朝のカフェでプランニング
- マインドフルネスの瞑想をしながら、自分をクリアにする
- 「夢ノート」のようなものを書いて、自由に表現する
- 手帳に10年計画を書きながら、逆算していく

手法やスタイルは人それぞれですが、自分との時間を取る習慣を持っています。

私は会社員の頃、ある時期から毎日2時間の作戦タイムを取るようにしていました。昼休み1時間にもう1時間プラスして、合計2時間。どうやったら成果が出るかの戦略を立てる時間に充てていました。この時間を取るようになってから、ビジネスマン人生が大きく変わっていきました。

最初は毎日でなくても、1週間に1度確保するところからでも構いません。

できれば「1人合宿」でまとまった時間を取るとより効果的です。自分と向き合うためだけに、2泊ほど宿泊施設を取ります。あまり安い宿よりも、お金がかかっているほうが効果が高まります。人は身銭をかけたことほど、真剣度が増すからです。

1人合宿は、半年に1度程度。忙しくても1年に1度はやってみるとよいでしょう。年末年始など、新しい1年の予定を決めるときに1人合宿の予定を確保し、その場で宿の予約までしてしまえば実践できると思います。

では、「1人作戦会議」で、何を、どんな風に、考えたらいいのか。その方法もあわせてお伝えしていきます。

10 潜在能力にスイッチを入れる「20のアイデアリスト」

いつもより高い目標を達成したい、毎回同じような結果にしかならないのを変えたい、といったときに効果的な方法が、「20のアイデアリスト」です。

これは、営業トレーニングの世界的な権威、ブライアン・トレーシーが提唱している方法が原型となっています。簡単な3ステップで行うことができるのも特徴です。

まず、1枚の紙を用意して**「○○するための20のアイデアリスト」と題名をつけます**（パソコンやスマホのメモなどでも大丈夫です）。「○○するための」には、次のような解決したい・達成したいことなどを入れます。

- 「4月に営業目標500万円を達成するための20のアイデアリスト」
- 「新しい売り上げの柱を作るための20のアイデアリスト」

・「チームのモチベーションが最高になるための20のアイデアリスト」

次に、紙に1から20の番号を書き、**タイトルから思い浮かぶアイデアを20個書き出します**。１つのテーマという「制約」と20個のアイデアという「負荷」がかかることで、潜在能力のスイッチを入れることができます。

実際にやってみると体感しますが、最初はスラスラと出てきます。しかし、10個を超えた辺りから、アイデアをひねり出す感覚になります。これは潜在能力にスイッチが入り始めている証拠です。30～60分ほどの制限時間を設けて集中して書き上げると、うまくいきます。

20個を書き出したら、**それぞれが具体的になっているかをセルフチェック**します。たとえば、書き出した内容の１つが「商品購入したお客様にフォローをする」だったとします。これでは、具体的に何をするかが不明瞭な状態です。「商品購入したお客様に1週間後に電話をかけて、満足している点と不明点がないかの両方を聞く」というように、誰が見聞きしてもイメージが一致するレベルまで具体化します。

最後に、**実行の優先順位を決めます**。「成果が出るまでに、時間のかからないものかどうかを考え、時間のかからないものから優先順位を高くします。効果や結果が見えることで、手応えを感じることができ、さらなる弾みがつきます。そうしていくと、難易度の高いもの、時間のかかるものも自然にクリアしていくことができるようになります。

「20のアイデアリスト」は、どんなテーマや目的にも応用可能です。「80代でも健康で過ごせるための20のアイデアリスト」や「良好な夫婦関係を育むための20のアイデアリスト」といった具合です。

私の研修を受けていただいた方の中からは、「会社におもしろいやつを増やすための20のアイデアリスト」というものが出たことがありました。内容もユニークかつ実用的で、とてもいいリストでした。

潜在能力にスイッチを入れて、20個書き出してみましょう。

11 定期的に「振り返り時間」を持つ

成績のよい子どもには、共通点があります。

彼らにとって「テストが終わる」のは、チャイムが鳴った瞬間ではありません。テスト結果が出て、答案用紙を見て、自分の現状をチェックし、改善すべきポイントを見出す。そうした振り返りの時間までがテストです。

スポーツでも同じです。名門校や強豪校といわれる学校ほど、試合後の反省会や振り返りをしっかりと行います。「試合が終わる」のは、勝敗が出た時点ではなく、自分たちの改善テーマや行動が明確になったときです。

そして、このことはビジネスにも通じます。仕事ができる人や成果を残せる人は、「振り返り」が上手にできています。毎週単位、毎月単位、毎年単位で自分を改善しアップデートできるので、「振り返り」をしない人との差はますます開いていきます。

勉強やスポーツで成績がよい人たちは、「振り返り」が習慣になっていて、その能力が鍛えられています。そうした面から考えると、高学歴の人やスポーツで結果を残した人が就職活動で優遇されるのは、理にかなっていると言えます。

私たちも、「振り返り」をする時間を上手に持たなければいけません。しかし、ただ振り返るだけでは効果はありません。

まず**必要なのは、自分の成長を求める心の姿勢**です。これがない限り、「振り返り」は機能しません。それを前提に、何を、いつ、どうやって、振り返ればいいのかを考えます。

ここでは「振り返り」を上手に行うための4ステップをご紹介します。

- ステップ1：振り返るタイミングを、先に確保する
- ステップ2：客観化する方法を決めておく
- ステップ3：自己評価する
- ステップ4：問いを増やしていく

ステップ1　振り返るタイミングを、先に確保する

業種や活動にもよりますが、時間的な仕事の区切りがあると思います。週や月単位、プロジェクトの直後、製作物の納品後。あらかじめそうしたタイミングに合わせて、どんなに少なくとも1時間、できれば2時間ほどの「振り返り時間」を確保しておきます。

ステップ2　客観化する方法を決めておく

自分の仕事や活動を振り返る上では、客観視できるようにすることが欠かせません。そのために必要なことは、記録です。

自分の活動量や成績を数値にしてカウントする方法や、時間の使い方を記録しておいて、何にどれくらいの時間をかけているかを集計する方法があります。売り上げを上げたいのであれば、新規開拓やマーケティングに投下した時間、新規顧客へのアプローチ量や面談数を設定して集計します。ほかにも、人前で話す仕事をしていたら、その姿を撮影しておくことなども考えられます。

ステップ3　自己評価する

客観視できるようにした、自分の活動や成果を自己評価します。よいところはどんなところで、改善するポイントはどこにあるのか。自分の状態を客観視できるようにしておくことで、冷静に分析できるようになります。

すると成長テーマや課題、改善すべきポイントが見えてきます。集計した事実を見れば、売り上げの上がらない原因が成約アベレージの低さだとわかる、といった具合です。そして自分の状況を事実として受け止めることで、「悔しい」「もっと改善したい」という気持ちも湧いてくるのです。

ステップ4　問いを増やしていく

自己評価で気づいた課題を解決するためには、問いを増やしていくことです。「成約アベレージを高めるポイントを、3つ挙げるとしたら何か？」「同じ時間で営業成績を120パーセント増にするためには、何が必要なんだろう？」「時間を上手に使える人と自分との違いは、どこにあるんだろう？」といったことです。

この時点で答えが導き出せなくても問題ありません。問いを増やしていくこと自体に価値があります。一度自分の中に作られた問いは、24時間働き続けるアンテナになります。日常的に必要な情報を探し続けますし、無意識レベルで脳の中にある情報を組み合わせ、答えを導き出そうとします。夢の中や目が覚めた瞬間に、答えにたどり着く人もいます。

ここで改めて言うまでもなく、多くの人が「振り返り」を重要なことであると認識はしています。でも実際には行動に移しません。なぜなら、急ぐことではないからです。それよりも、目の前の実務が優先されてしまいます。

貯金や健康のように、**「重要だけれど、緊急ではないこと」を、人は放置し続けてしまいます**。大切なのはきっかけを上手に使うことです。「せっかくだから、まずは1回やってみるか」とやってみて、「なんだ、もっと早くやればよかった」と体験してしまいましょう。

12 「確信」があるとき、「映像が見える」ときは、迷わず進め

ひらめきを生み出す回数を重ねると、だんだんとひらめきの精度が高まっていきます。中には、**生み出した瞬間に「これはいける」「大丈夫だ」と確信できる**ものもあります。

また、これとは別に**「映像が見える」**体験をすることがあります。頭の中で「いける」「大丈夫だ」と**言語的に確信するのとはまた違う、ビジュアル的な感覚**です。

プロダクトの完成イメージだったり、本の表紙だったり、発表するパワーポイントのスライドだったり、毎回起こることではありませんが、ハッキリと映像が見えます。映画のように長いものが見えるわけではなく、一瞬の光景のようなものが現れます。本人にとっては、何年経っても鮮やかに思い出せるものです。

その一瞬の光景がすべてを手繰《たぐ》り寄せる1ピースになり、そこにいたる道筋や輪郭がどんどん実際のものになっていきます。

「制約」「困難」「負荷」「こだわり」「プレッシャー」、そうしたものが混ぜ合わさり、圧縮され、その圧力に弾き出されるようなかたちで、「映像が見える」という現象が起こることがあります。ある意味、極限状態です。そのとき、人の心を動かすような、大きなひらめきが生まれます。

「映像が見えた」ときは、ドキドキします。不安というよりは、楽しみに近い感覚。圧倒的希望に戸惑うような気持ちです。

あくまで感覚の世界です。過去の成功体験と照らし合わせて、潜在意識が「このまま進んでいけ！」と伝えてくれているのかもしれません。その結果、一生忘れられないひらめきを世の中に送り出すことができるのです。

確信する、映像が見える。そうしたときは、とにかく信じて進んでください。必ず大きな成果につながります。

13 「信頼貯金」の残高が、ひらめきの採否を決める

ひらめきの多くは、前例のないことです。それがゆえに**いちばん困ることが、他人への説明**です。相手が見たことも聞いたこともないものを、伝えなければいけません。自分のひらめきを会社やチームの中で実践するためには、ここが大きな課題になってきます。

とはいえ、100パーセント相手の理解を得る必要はありません。正しく言えば不可能です。1900年の世界に行って、スマホやインターネットのことをその時代の人に説明するとします。どんなに丁寧に詳細に話したとしても、完全な理解を得ることは難しいのがわかります。

理解してもらえないことを承知で、「どうして、それがうまくいくのか」を説明し

なければいけません。革新的なひらめきであるほど、自分の中では、「きっと、うまくいく」という感覚があるはず。ただ、前例がありません。「やったら結果は出ます。けれども、やってみないとそれは見せられません」としか言えません。

当然、採用されるとは限りません。ダメなだけならまだしも、笑われたり、バカにされたり、冷ややかな反応しか返ってこない場合もあります。

ここで**周りの反応を決めるのが、自分がこれまで積み重ねてきた「信頼」**です。周りの人が自分をどれくらい信頼しているかは、可視化することはできません。見えないから普段はあまり意識することはありませんが、貯金のように増えたり減ったりしています。

「信頼貯金」が高ければ、GOサインが出やすくなります。周囲の信頼を得るためには、本章でお話ししてきたように、仕事で成果を出すことが大前提です。そのうえで、ここからは、仕事を通してさらに自分の信頼を高めていく方法をお話しします。

14 「耳ダンボ言葉」で「信頼貯金」を稼ぐ

信頼を増やす1つの方法は、伝え方・話し方です。そのキーワードが「耳ダンボ言葉」です。

ディズニーアニメのダンボをイメージしてください。人は本当に興味があること、聞かずにはいられないような情報を聞くと、ダンボのように耳が大きくなります。もちろん、物理的に大きくはならないですが、本人の心の中では大きくなっています。人がそうなってしまう情報を、「耳ダンボ言葉」といいます。

たとえば、人事の部署の人が、若手階層向けの新しい研修内容を企画する立場にいたとします。それまで行っていた研修内容と違うプログラムに変えるために、部長の決済をいただかなくてはいけません。

このとき、部長が社長から若手の離職率を下げるように求められていたとします。

この場合は、「若手の離職率低下」が部長の耳ダンボ言葉です。それがわかれば、**耳ダンボ言葉に関連づけながら、自分のプランや提案、主張を伝えていきます**。すると、相手は抗うことはできません。同時に相手からは「こいつは俺のことをわかってくれている」と信頼されるようになります。

- 「この人がいま、いちばん興味があることは何だろう」
- 「この人がいつも口に出していて、叶えたいと思ってることは何だろう」
- 「この人が口に出さないけれど、叶えたいと思ってることは何だろう」

こうしたことをヒントにして、「耳ダンボ言葉」を洗い出していきます。

意図的に仕向けることを、「ずるい」と思われるかもしれませんが、「耳ダンボ言葉」を知るために必要なのは、相手に対する理解やリサーチです。その人にとって、旬な情報は何なのか。叶えたい目標や夢中になっているものは何か。相手の欲求や願望を叶えようとする気持ちや、相手のことを理解しようとする姿勢。それが信頼を高める伝え方・話し方の根幹にあるのです。

15 成果が出たときのファーストアクションは「関係者への速報」

成果にこだわることで、実際に大きな成果を出せた。このときに絶対に外してはいけないのが、関係者への共有です。CCの一斉メールや社内SNSへの投稿、朝礼での発表など、どんな方法でもいいですが、必ず伝えるようにしましょう。

プロジェクトの関係部署の主だった人や社内のキーマン（決裁権や影響力を持っている人）に向けて、速報を入れます。速さが大事です。週をまたぐのはもってのほか。結果が確定した当日中にやることを心がけます。たとえ深夜であったとしても、メールや社内SNSであれば投稿できます。

ダラダラと書き連ねるのではなく、**コンパクトに要点をまとめます**。まずは成果の内容を冒頭に。そして、そのすごさや価値が伝わるように表現します。

- 「2日で80件の新規契約の達成ができた」
- 「前年のキャンペーンの２５０パーセント増、これまでの平均で考えれば将来的には80件のうち、30パーセントの顧客が10万円のリピートオーダーにつながるので、２４０万円の将来受注につながっていく」
- 「今回のコストは従来の半分。別地域の店舗でも横展開が可能」

速報自体には、返信が返ってこないことがほとんどです。それで問題はありません。関係者やキーマンの印象に残すことが目的です。そこから**関係者を中心にして口コミが広がります**。「あれって、すごかったみたいじゃない」「具体的に、どんなことやったの？」「当日って、実際どんな感じだったの？」。

それが布石となって、自分の影響力が強くなります。新しい企画やプロジェクトの立ち上げのときには、自分に対する周囲の理解や関心が高くなっています。プロジェクトに対する協力体制や社内資源の提供を、スムーズに受けることができるようになっていきます。結果として、プロジェクトはより大きな成果を生み出すことができ、また別の新しい取り組みにチャレンジさせてもらえることが増えていくのです。

16 絶大な信頼を寄せられるようになる「自分への質問」

仕事で関わる相手から、絶大な信頼を寄せられる手法があります。それが「自分への質問」です。

「もし、お客様から◯◯されるとしたら、それはどんな仕事ぶりだろう」

これは、さまざまなシチュエーションに適用することができます。

- サービス提供した後も、リピートしてもらえるとしたら
- また、「あなたと一緒に仕事したい」と言われるとしたら
- 「もう1年、プロジェクトを手伝ってもらいたい」と依頼されるとしたら

このように投げかけた質問に対して、下記のような条件を10個ほど書き出します。

- お客様が払った金額以上の価値を、感じてもらえるように心がける
- クイックレスポンスを心がけ、24時間以内には返信する
- 常に約束の期日より1日前倒しで提出する
- 自分の携わったプロジェクトがもたらした貢献度合いを、数値化して渡す
- お客様の誕生日や相手の会社の創業記念日を覚え、簡単なお祝いをする

そして、書き出した条件をいつでも確認できるようにします。紙に書いて持ち運んでもいいですし、スマホのメモでも大丈夫です。

大事なポイントは、ここでも「自分でたどり着いた答え」を得ることです。自分が納得することであれば、人は自然と行動に移せます。その中でうまくいった方法が、自分の財産として蓄積されます。完全に自分の管理下にあることなので、結果に再現性を持たせることができます。

他人を変えようとするより、自分の行動を変えること。そこに答えがあるのです。

おわりに

２０１１年。あの震災があった年、私の人生はどん底でした。

前年に結婚するも、１年と経たずに離婚。貯金もなく、役職もない平社員。当時、会社のルールを把握しないままやらかしたミスによって、１週間の自宅謹慎も受けました。まさに踏んだり蹴ったりです。大人になる前に予想していた未来とは、かけ離れた人生です。


「こんなはずじゃ、なかったのに……」

「一生懸命に生きているのに、どうして、こんなことに……」


そんな思いが、いつもありました。

震災の影響もあり、職場では同僚が何人も辞めていきました。所属する部署の売り上げも半分にまで落ち、暗く重いムードが漂っていました。職場や仕事は大好きだったので、そんな状況を悲しく思う日が続きました。

「失うものは何もない」

そう思っていたのかどうかはわかりませんが、当時の私は思い切った行動に出ます。ある日、平社員にもかかわらず「この仕事を立ち上げさせてくれ！」と、社長に直談判したのです。パワーポイントで作った30枚の分厚い資料を見せながら、熱く語りました。そこから、ひらめきの人生の扉が開いていきます。

前例もお手本もないスタート。この本で伝えてきた、ひらめきのスキルを無我夢中で使う毎日。あまりに頭を使って糖分を欲していたのか、当時はよく角砂糖をかじりながら仕事していました。

最初は、ひらめきで生み出したアイデアが斬新だったり突飛だったりしたので、周囲から訝《いぶか》しがられることばかりでした。しかし、私の手掛けたプロジェクトの影響で、部署の売り上げは半年経たずに2・5倍以上に成長していきました。

マネジメントにも関わるようになり、たくさんの工夫をしました。始業15分後の朝礼中にもかかわらず、メンバーがお互いの仕事のやりがいを話して感極まり、みんなが感動して泣いている。そんな光景もありました。

まるで魔法がかかったように、変化が起こり続けていきました。どん底を感じていた自分の人生に、ひらめきによって、光が射してきたのです。

あれから10年が経ちます。ひらめきをスキルとして身につけたことで、自分に自信が持てるようになりました。いまでも、毎日ひらめきのスキルを磨き続けています。まったく飽きることなく、ひらめきに夢中です。

ここまで読み進めたあなたは、ひらめきのスキルを身につける方法を手にしました。どうか、楽しんで試してみてください。１つずつで大丈夫です。そうしていくなかで、次第にひらめきが、ごく当たり前のようにできるようになっていきます。

「ひらめき」と聞くと、画期的なアイデアだったり、誰もがあっと驚くようなものだったりしなければいけない。そんな風に身構え、重く考えてしまう人もいます。でも、大丈夫。始めは些細なひらめきでいいと覚えておいてください。

どんなことでも、初心者からスタートします。赤子みたいなものです。ハイハイができたら喜ぶ、初めて立ち上がったら褒める、パパやママと言えるようになったら感激する。そんな気持ちで、ひらめきのスキルを育ててあげてください。

ひらめきの対象は、ビジネスに限りません。

お母さんが子どもの苦手な食材を食べられるように料理を工夫する。

これも、立派なひらめきです。

身近にあるものを使って、楽しく遊べるおもちゃや遊びを考える。

これも、ひらめきです。

友人の結婚式で、気持ちが込もったサプライズをする。

これも、ひらめきです。

そんな光景をいくつも見ていくと、ひらめきには誰かに対する愛が詰まっているのだと感じます。親が子どもに何かをしてあげたい気持ちや、大切な友人に喜んでもらいたい気持ち、ときには、見知らぬ誰かの役に立ってほしいという気持ち。誰かを思い、自分たちにできることで工夫しながら相手を喜ばせようとするひらめきが、この瞬間も世界中でたくさん生まれ続けています。

ひらめきは才能やセンスではなく、スキルです。誰にでも身につけることができます。身につけることで、その人だけのオリジナルを生める力です。それを使って、ほかの誰でもないあなたが、オリジナルな存在として輝いてみてください。

正直なことを言うと、私自身、有名大学や名だたるブランド企業の出身でもないことに、いまでもコンプレックスを感じています。人との競争意識も強く、他人よりも優れていたいと思うような、器の小さい人間です。そんな自分だから、「オリジナルな存在」という言葉が好きです。

自分にしかできないことをやろう。あなたオリジナルの生き方がある。それをやるために生まれてきたのが人生だ。それがこの本を通して伝えたい、私からのメッセージです。

ひらめきで、あなたの人生が輝いていきますように。

瀬田　崇仁

著者紹介

瀬田崇仁（せた・たかひと）

頭の使い方コンサルタント
数百倍の倍率をくぐり抜け、日本でトップレベルの教育コンサルティング会社に就職したものの、同期の中でビリからスタート。あるとき、ひらめきを活かして立ち上げた個人部署が大躍進したことで、オーナー経営者に目をとめられる。

社長づきのカバン持ちをしながら、早朝から深夜まで経営やコンサルティングに対しての薫陶を受ける日々を過ごす。社史に残るレベルの仕事をいくつも経験するが、実家の経済状況が思わしくないことがきっかけとなり、独立起業の道を選ぶ。

「頭の使い方」に焦点を当てた教育サービス・コンサルティング事業が、口コミでまたたく間に広がり、名刺１枚すら作ることなく、各業界の日本一の個人や大企業からも依頼が入るようになる。

現在、開催する講演・セミナーには、日本全国だけでなく北米、南米、中国、ヨーロッパなどから幅広く参加者が集う。特にオリジナルな読書法・ノート術・プレゼン技術・ビジネス理論が、「ほかでは、聞いたことがない」「いままでの常識と正反対」と好評を得る。その開発に喜びを感じて、活動中。2020年より「瀬田崇仁 オンラインサロン」を主宰。

「もっと知りたい」あなたのために

YouTube「瀬田崇仁 LIVE」チャンネル

講演や QA レクチャーの動画を、無料公開。

https://www.youtube.com/channel/UCvqFNznry2w_-zfgDpu8boA

「瀬田崇仁 オリジナルメルマガ」

セミナー参加者だけに送っていた内容を一般公開。
シークレットなイベント案内もこちらから。

eepurl.com/haW46v

「もっと、変わりたい」なら【オンラインサロン】

“オリジナルな存在”になるための、秘密の場所。
楽しいことが待っているので、覗いてみてください。

https://inspirancer.world/onlinesalon/

講演・研修・お仕事のご依頼・取材など

下記問い合わせフォームよりお願いします。

https://inspirancer.world/contact/

ひらめきはスキルである

2020年11月22日　初版発行

著　者　瀬田崇仁
発行者　野村直克
発行所　総合法令出版株式会社
〒103-0001 東京都中央区日本橋小伝馬町 15-18
EDGE 小伝馬町ビル 9 階
電話　03-5623-5121

印刷・製本　中央精版印刷株式会社

落丁・乱丁本はお取替えいたします。

ISBN 978-4-86280-773-1

総合法令出版ホームページ　http://www.horei.com/